ライブラリ 会計学 15講 − ❸

管理会計論 15講

横田 絵理 編著

豊田 陽一・江本 雅人・堀北 秀一
福島 一矩・妹尾 剛好・鬼塚 雄大
竹内 伸一・康 冬鶯・鵜飼 裕志 著

新世社

「ライブラリ 会計学 15 講」編者のことば

「21 世紀も 20 年が過ぎ，経済社会の変化や IT 技術の進化の影響から，会計学は新たな進展をみせており，こうした状況を捉え，これからの会計学の学修に向け，柱となる基礎科目について，これだけは確実に理解しておきたいという必須の内容をまとめたテキストと，そうした理解をもとにさらに詳しく斯学の発展科目を学んでゆく道案内となるテキストの両者を体系的に刊行する，というコンセプトから企画した」と新世社編集部企画者のいうこの「ライブラリ 会計学 15 講」は以下のように構成されている。

『簿記論 15 講』
『財務会計論 15 講——基礎篇』
『管理会計論 15 講』
『原価計算論 15 講』
『会計史 15 講』
『財務会計論 15 講——上級篇』
『国際会計論 15 講』
『会計監査論 15 講』
『経営分析論 15 講』
『非営利会計論 15 講』
『税務会計論 15 講』

この手の叢書は，諸般の事情（？）により，必ずしも予定通りに全巻が刊行されるとは限らないため，最初に全巻を紹介してしまうことは，あとで恥を掻く虞がある，という意味において賢明ではないかもしれないが，しかし，あえて明示することとした。

閑話休題。各巻の担い手については最適任の方にお願いしたが，大半の方（？）にご快諾いただくことができ，洵に有り難く思っている。

上掲の全 11 巻の構成は会計学における体系性に鑑みてこれがもたされたが，ただしまた，あえていえば，各氏には本叢書の全体像には余り意を用いることなく，能う限り個性的な作品を仕上げていただきたく，期待させていただいた。個性的な作品，すなわち一冊の書として存在意義のある作品を期待させていただくことのできる諸氏を選ばせていただき，お願いした，といったほうがよいかもしれない。

時を経て，ここに期待通りの，といったら僭越ながら，正に期待通りの作品をお寄せいただくことができ，その巻頭にこの「編者のことば」を載せることができ，洵に嬉しい。

友岡　賛

はしがき

　本書は，管理会計を初めて学ぶ学生やこれまで管理会計になじみのなかったビジネスパーソンに，管理会計の基礎と応用を解説したテキストです。

　管理会計を学ぶことは企業経営を理解するのに大変役立ちます。ビジネスパーソンからは，管理会計についての知識は経営活動を行う上で非常に重要で，もっと早く学んでおけばよかったという声をよく聞きます。そこで本書では，管理会計が経営活動にどのように役に立っているかを伝えることも視野に入れ，読者のみなさんが管理会計の基本的な考え方を学びながら，少し応用的な話題にも触れることができるような構成を心掛けました。

　まず第1講で管理会計の概要を述べ，第2講から第10講までの9講にわたり管理会計に関係する基本的概念についての解説をまとめました。その上で，それらがどのように経営活動の中でつながり，活用されるかを，第11講で示しています。

　続く第12講から第15講は，第10講までに学んだ管理会計の基本の応用編となります。管理会計の中のトピックの多くは大企業を想定して説明されがちですが，これらの講の解説を通して，管理会計はそのような企業だけで活用されるものではなく，中小企業であっても，グローバルなグループ企業であっても，また公的組織においても適用可能であり役に立つことを理解していただけるものと思います。さらにここでは日本発の管理会計制度といわれるアメーバ経営と原価企画についても紹介しています。

　ここで友岡賛慶應義塾大学名誉教授編集『ライブラリ会計学15講』の『管理会計論15講』発刊にあたり私どもに機会をいただけましたことに，御礼を申し上げます。本ライブラリにおいては『原価計算論15講』も刊行されています。広義の管理会計には，原価計算，原価管理が含まれますが，そちらに

ついては『原価計算論15講』をお読みいただくこととして，それ以外の内容を本書では取り上げています。

　本書は，慶應義塾大学大学院商学研究科で編者の研究室に縁あり，そこから巣立ったかたたちとの合作になります。現在はそれぞれの仕事を持ち多忙な中，全員が執筆を快諾してくれました。執筆者は各講を執筆する前にまず本書の全体像と構成を共有し理解することから始めました。その上で多くの時間を費やし執筆を進めていきました。ありがとうございました。

　特に，堀北秀一氏は，実質的に編者と申し上げてよいくらい，堀北氏ならではの力を発揮し，数度にわたって通読と，的確な指摘をするなど献身的に貢献していただきました。また，江本雅人氏にも最終段階において読者を意識しての通読による指摘，修正をしていただきました。いずれも自発的なご助力で，お二方には心より感謝しております。

　なお，本書の刊行に際しては，新世社編集部の御園生晴彦氏と菅野翔太氏に多大なるご尽力をいただきました。改めて感謝申し上げます。

　読者のみなさまに，管理会計の面白さと奥深さが本書を通じて，少しでも伝わることを願っております。

　2024年師走

編著者　横田　絵理

目　次

第1講　管理会計を学ぶ　　　　　　　　　　　　　1

1.1　会計の種類 ……………………………………………… 1
1.2　財務会計 …………………………………………………… 2
1.3　管理会計 …………………………………………………… 5
1.4　管理会計と経営活動 …………………………………… 11
1.5　本書の構成 ……………………………………………… 12
　　練習問題　13

第2講　戦略と計画　　　　　　　　　　　　　　14

2.1　組織の目的と目標 ……………………………………… 14
2.2　戦　略 ……………………………………………………… 15
2.3　目標と計画 ……………………………………………… 24
2.4　戦略実行を支援する管理会計 ……………………… 28
　　練習問題　29

第3講　経営分析　　　　　　　　　　　　　　　30

3.1　経営分析の意義 ………………………………………… 30
3.2　財務分析の意義 ………………………………………… 32
3.3　財務分析の限界と非財務情報の重要性 …………… 42
　　練習問題　43

iv 目次

第4講 意思決定を支援する管理会計 44

4.1 意思決定の種類 …………………………………………… 45
4.2 業務的意思決定を支援する管理会計 ……………………… 46
4.3 戦略的意思決定を支援する管理会計 ……………………… 50
4.4 管理会計担当者が留意するべき事項 ……………………… 60
練習問題　61

第5講 短期利益計画とCVP分析 64

5.1 短期利益計画 ………………………………………………… 64
5.2 CVP分析 ……………………………………………………… 66
5.3 利益目標達成のための分析 ………………………………… 70
5.4 固定費と経営レバレッジ …………………………………… 71
5.5 多品種製品・サービスのCVP分析 ……………………… 73
練習問題　74

第6講 組織とレスポンシビリティ・センター 76

6.1 組織構造 ……………………………………………………… 76
6.2 権限と責任 …………………………………………………… 80
6.3 レスポンシビリティ・センター …………………………… 81
6.4 レスポンシビリティ・センターの選択と組織デザイン ……… 86
練習問題　86

第7講 予算管理 88

7.1 予算管理の意義 ……………………………………………… 88
7.2 予算とは ……………………………………………………… 90
7.3 予算編成 ……………………………………………………… 92

7.4 予算実績差異分析 ……………………………………………… 95

7.5 予算管理の問題点 ……………………………………………… 101

練習問題　103

第 **8** 講　業績評価　　　　　　　　　　　　　　　　105

8.1 業績評価の意義 ………………………………………………… 105

8.2 組織構造と業績評価 …………………………………………… 106

8.3 事業部制組織の業績評価 ……………………………………… 107

8.4 業績評価制度の設計 …………………………………………… 115

練習問題　119

第 **9** 講　非財務業績評価　　　　　　　　　　　　　120

9.1 非財務業績評価の意義 ………………………………………… 120

9.2 代表的な非財務指標 …………………………………………… 122

9.3 バランスト・スコアカード（BSC） ………………………… 125

9.4 業績評価制度の適用 …………………………………………… 132

練習問題　132

第 **10** 講　インセンティブと報酬　　　　　　　　　134

10.1 「インセンティブ」と「報酬」の概念 ……………………… 134

10.2 動機づけ ………………………………………………………… 141

10.3 インセンティブと報酬のデザイン …………………………… 148

10.4 目標斉合性を考える上でのインセンティブと報酬 ………… 153

練習問題　155

vi 目 次

第 11 講 管理会計とマネジメント・コントロール 156

11.1 マネジメント・コントロールの意義 ……………………………… 156

11.2 マネジメント・コントロール・プロセス ……………………… 158

11.3 マネジメント・コントロールのフレームワークの変化 …… 160

11.4 マネジメント・コントロールと経営活動 ……………………… 164

練習問題 166

第 12 講 グループ経営と管理会計 167

12.1 企業グループの全体像 …………………………………………… 167

12.2 企業グループにおける管理会計の特徴と課題 ……………… 175

練習問題 181

第 13 講 アメーバ経営 182

13.1 ミニ・プロフィット・センターとは ………………………… 182

13.2 京セラのアメーバ経営 ………………………………………… 183

13.3 アメーバ経営の特徴的な組織運営 …………………………… 187

練習問題 192

第 14 講 原価企画 194

14.1 原価企画の基本思想 …………………………………………… 195

14.2 原価企画の推進プロセス ……………………………………… 198

14.3 原価企画を支える仕組み ……………………………………… 201

14.4 原価企画の適用領域の拡大 …………………………………… 206

練習問題 208

目　次　vii

第 15 講　公共部門の管理会計　209

15.1　経済主体と会計 ………………………………………………… 209

15.2　公共部門の会計 …………………………………………………… 210

15.3　公共部門の管理会計が果たす役割 …………………………… 213

15.4　公共部門の管理会計が抱える課題 …………………………… 221

　練習問題　　222

参考文献………………………………………………………………………… 223

索　引………………………………………………………………………… 231

第1講

管理会計を学ぶ

この講では，このテキスト全体が焦点を当てる「管理会計」とは何かを考える。また，これからテキストを読み進めるための基礎的な会計の考え方についても説明する。

1.1 会計の種類

会計という言葉を聞いて何を思い浮かべるだろうか。簿記，数字の羅列に始まり，緻密，規則重視，煩わしいなど，何か特有の印象を持っている読者も多いのではないだろうか。

会計のそもそもの起源は中世までさかのぼるといわれ，その概念は古くからあるとされている。会計の基礎となる簿記という日本語は，福澤諭吉が明治初期に訳本として示した『帳合之法』により日本に紹介された。その源は中世のイタリアからイギリスにも伝播したといわれる。しかし会計は簿記がベースにあるとしてもそれそのものではない。会計は簿記よりも広い概念である。

会計とは，企業が行った経営活動を，可能な限り金額でとらえ，それを情報としてとりまとめ使いたい，あるいは使って欲しい相手へ伝える行為である。会計という行為により生み出された情報を会計情報と呼ぶ。この会計情報を作成するために用いられる記録の方法の一つが簿記である。

2　第1講　管理会計を学ぶ

　企業において，会計情報は，企業の理解を深める共通言語の一つとして用いられるだけでなく，企業の中の人の気持ちに働きかけるためのものとしても用いられる。そのため，企業外部の人だけでなく，企業内部の人も会計情報を使うのである。

　会計情報の利用者に着目して，誰のために会計情報を作成し伝達するのかという観点で企業会計を分類すると，**財務会計**と**管理会計に分類**することができる。

　財務会計は企業外部の利害関係者へ会計情報を伝達する目的でなされる会計であるのに対し，管理会計は企業内部の関係者へ会計情報を伝達する目的でなされる会計である。

1.2　財務会計

　財務会計は，市場と企業を主として会計情報でつなげているもので，企業が会計基準に則って作成し，提供する情報が**財務会計情報**である。財務会計では，企業のさまざまな取引（経済事象）を複式簿記によって記録し，それをもとに企業の経営成績と財政状態を財務諸表と呼ばれる書類を通して，企業外部の利害関係者に伝達する。

　そのため，財務会計情報を活用するのは，株式会社の場合，**企業を取り巻く利害関係者**，つまり企業に出資する株主，企業に資金を提供する銀行や社債権者といった債権者のほか，専門知識・技術により企業価値を分析する証券アナリスト，賃金交渉に臨む労働組合，競合他社，取引先あるいは取引を検討している企業，税務当局や監督官庁，将来この企業に投資をするかもしれない人々（証券投資家），就職活動中の学生や地域社会など，株式会社に直接的のみならず間接的に関心を持つあらゆる人々といってもよいであろう（**図表**1.1）。

　こうした人々が，その企業だけでなくさまざまな企業との比較が可能なように，情報のゆがみがないよう一般に公正妥当と認められる企業会計の基準

図表 1.1　財務会計情報の主な利用者と主な利用目的

主な利用者	主な利用目的
株主	経営者に対する監視
証券投資家・証券アナリスト	投資収益の予測
社債権者	経営者に対する監視
銀行	貸付業務の適切な遂行
労働組合	労働対価の獲得
競合他社	経営環境の分析
取引先および取引を検討している企業	信用調査
税務当局	課税の公平性確認
監督官庁	法令遵守の状況確認
学生	就職活動時の企業分析
地域社会	社会貢献への誘導

(出典)　桜井・須田（2024），p.20 を修正

に準拠して，企業についての財務情報を中心とした会計情報を社外に提供する。この外部向けに報告する情報が財務会計情報といわれる。

　財務会計に期待される機能として代表的なものは2つある。一つは，**利害調整機能**であり，経営者・株主・債権者などの間に存在する利害の対立を，財務会計を通じて調整することが期待されている。もう一つは，**情報提供機能**であり，証券投資などの意思決定にあたって有用な情報を財務会計により提供されることが期待されている。

　企業が行うさまざまな取引は，複式簿記によって記録され，その結果を財務諸表にとりまとめられる（**図表 1.2**）。財務諸表はいくつかの書類で構成されるが，特に企業の経営成績を示す**損益計算書**と，企業の財政状態を示す**貸借対照表**の2つが重要である。

　企業はビジネスを始めるにあたっては，資金を集める必要があり，これを**資金調達活動**と呼ぶ。株式を発行して市場から直接資金を調達した場合には，株主資本として，貸借対照表の純資産の一項目として表す。銀行などの金融機関から借り入れた場合には，借入金として，貸借対照表の負債の一項目として表すことになる。このように，資金調達活動の状況は，貸借対照表の右

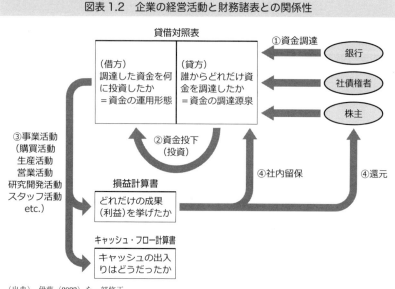

図表1.2 企業の経営活動と財務諸表との関係性

(出典) 伊藤（2023）を一部修正

側部分（**貸方**）に表示される。

　集められた資金をビジネスに必要だと考えられるもの，例えば製造業であれば，製品を作るために必要な原材料を購入したり，製品を作るための工場や機械を購入したりするが，これを**資金投下活動**（投資活動）と呼ぶ。原材料や完成した製品は**棚卸資産**と呼ばれる貸借対照表の資産の一項目として表す。工場や機械については，**固定資産**と呼ばれる貸借対照表の資産の一項目として表す。このように，資金投下活動の状況は資金の運用形態として，貸借対照表の左側部分（**借方**）に表示される。

　ビジネスに必要だと考えられるものを一式揃えたら，製品の生産を始めたり，製品をより多くの顧客に販売できるよう宣伝をしたりするなど，さまざまな営業活動を行うことになる。企業の営業活動により製品・商品が販売されると，営業活動の成果である金額を，売上高という名称で収益として損益計算書に表示することになる。製造業であれば，原材料を仕入れ，労働力を確保し，製造のための土地や設備を購入して使用するなどして，製品を作る

が，このように営業活動の成果を獲得するために費やしたコストは，最終的には，費用として損益計算書に表示されることになる。

　こうして一連の事業活動の結果生じた収益と費用との差額が利益と呼ばれるものとなり，企業の経営活動の成果としての経営成績を示す重要な会計情報となる。

1.3　管理会計

　管理会計が意識されてきたのは，産業革命後，20世紀初頭にかけて世界に台頭し始めた大規模企業が，数値情報による経営を試み始めたことや，株式会社制度の定着，財務諸表の公開などで数値による経営が意識されたことによるとされている。

　企業経営において，**科学的管理法**といわれる手法がテイラー（Taylor, F. W.）によって示され，これにより定量情報による効率的経営の考え方が生まれると共に，標準原価計算のもとにもなったともいわれる（Jonson and Kaplan, 1987）。

　管理会計は，企業などの組織の経営活動に役立つことを目的とした会計である。管理会計が生み出す情報を**管理会計情報**と呼ぶ。管理会計情報は，日々の売上，費用，利益，原価といった経営活動の結果を示す情報であり，意思決定を行う際に将来を予測するためにも活用される情報である。

1.3.1　管理会計の定義

　管理会計が経営活動に役立つ会計ということは本文で述べたとおりである。しかし，管理会計の定義はそれほど簡単なものではなく多種多様[1]である。

　一例を挙げると，管理会計士という資格が存在しているアメリカの，米国公認管理会計士協会（Intstitute of Management Accountants：IMA）では，管理

---

[1] 研究者が提示している定義も一様ではない。これについて詳しくは，たとえば森（2020）を参照のこと。

会計について「経営管理者が組織内部において，計画・評価及びコントロールを行い，その組織体の経営資源を適切に使用し，企業責任を果たすために使用する財務情報を認識し，測定し，集計し，分析し，作成し，解釈して伝達する過程」としている（IMA，1981）。

また，CIMA（Chartered Institute of Management Accountants）と AICPA（American Institute of Certified Public Accountants）が提唱した GMAP（Global Management Accounting Principles）においては管理会計を「組織の価値を生み出し，維持していくため，意思決定に関連する財務的・非財務的情報を入手，分析，伝達，利用するものである」として，その原則を4つにまとめている。原則1は，コミュニケーションは影響をもたらす洞察を与えること，原則2は，情報は目的関連的であること，原則3は，シナリオ分析とモデルを通じて，価値への影響が分析されること，原則4は，スチュワードシップは信頼を築くこととされている。ここで「スチュワードシップ」とは組織内の人間関係，組織と外部（顧客・投資家・取引業者・社会）との関係を指す。

1.3.2　管理会計情報の利用者

管理会計情報は，企業目的を達成するために経営活動を進めるにあたり必要となる会計情報である。利用する人々は，企業で経営をリードするトップ・マネジメントや各部門責任者だけではない。企業活動の第一線に立つリーダーや社員といった組織メンバーも，中にはアルバイトの人たちも知らず知らずに活用していることもある。

製造メーカーであれば購買，生産，組み立て，販売の各プロセスにおいて，管理会計情報が必要になる。在庫はどれくらいあるのか，納品はいつでどれくらいか，掛けで材料を購入しているならばその額は今どれくらいあるのか，顧客に人気が出てきたら，工場を増やした方がよいのか，新しく工場を建てたとして，その投資額は回収できるのかなどなど，いずれの場面でも管理会計情報が重要な役割を果たす。

これは役員や正社員だけではなく，アルバイトの人にとっても同様である。例えばファミリーレストランでアルバイトをしていると，本日の売上はいくらかという情報を得ることがあるだろうし，売上を○○円にすることを目標

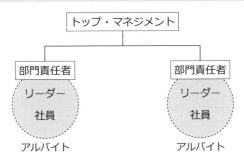

図表1.3　管理会計情報の利用者

にすると店長にいわれることもあるかもしれない。そのために、注文を取る際に「シーズン限定のパフェもありますよ」といったように、メニューを勧める行動をとることもあるだろう。店長の示した売上は、まさに管理会計情報であり、その情報に店長が達成という意味を持たせることでアルバイトの人は行動を変化させたともいえる。

このように企業組織のあらゆる人々が管理会計情報を活用することになる。まさに管理会計情報は、**経営活動に役立つ会計情報**であり、それは財務情報のみならず、必ずしも貨幣単位で測定されたものではない、物量単位で示された非財務情報も含まれる。

1.3.3　管理会計情報の活用

管理会計は経営に役立つというが、どのように活用されるのだろうか。

まずトップ・マネジメント層は、企業組織のための重要な意思決定をする人たちである。重要な意思決定を行うためには、現在の企業組織の状況はどのようなものになっているのか、例えば企業としては儲かっているのか、つまり利益は出ているのか、現金はあるのか、毎年どれくらい資金がかかるのかなどなどを把握する必要がある。つまり現在あるいは過去の状況を財務会計情報のみならず管理会計情報を活用することで把握する。

その上で、今後企業組織の目的を果たすためには何が必要か、それを行うとどのような変化が財務上起こるのか、何年でその投資を回収できるのかな

8　第 1 講　管理会計を学ぶ

図表 1.4　管理会計情報の主な利用目的

利用者	主な利用目的
トップ・マネジメント（経営者）	戦略の策定 組織にとって重要な意思決定などの さまざまな全社的な経営活動の把握
ミドル・マネジメント（各部門責任者など）	戦略の実行 責任を持つ部門の経営活動
ロワー・マネジメント （第一線に立つリーダーなど）	個別タスクのマネジメント
非マネジメント（社員，アルバイトなど）	個別タスクの実行

ど，将来のことをシミュレーションしながら意思決定をすることになる。

　トップ・マネジメントは常に自分がマネジメントしている組織の状況を把握しながらも将来を考えるという役割があり，それを管理会計情報が支えているといってもよい。そして企業のトップ・マネジメントは，企業の持ち主にとってこの企業の価値が高まっているかということを考える立場にもある。なぜなら，例えば株式会社の場合には，企業のために資金を出しているのが株主であり，資金を貸しているのが債権者であるため，企業の経営者であるトップ・マネジメントは，資金提供者である利害関係者に対しても気を配る必要がある。したがって，株主にとってプラスであること，例えば配当が高いとか，株を買ったときよりも今売った方が株の価値が上がっているなど，いわゆるステークホルダーにとっての価値を高めることも求められている。これを達成するためにいかに目的を達成するかをトップ・マネジメントは追求する。

　このように，トップ・マネジメントが企業の**将来の方向性**を決定するときやその前提として**過去の企業活動の状況や現在の経営状況**を把握するために，管理会計情報が活用される。

　こうしたトップ・マネジメントが考える方向性や意思決定を現実のものにしていく部門責任者たちにとっても，管理会計情報が欠かせない。各部門責任者（マネジャー）は責任を持っている部門の状況をまず詳細に把握している必要がある。部門がどのような業務を行っているかによって活用する管理会計情報も変わってくるが，例えば製造部門であれば，製品を作るためにか

かった材料費・労務費・経費といった原価情報のほか，設備に関する情報，在庫に関する情報や取引先からの情報も重要になる。つまり数値として収益と費用を把握することに加え，どのような活動をするとどのような費用がかかり，収益が生まれるかということも理解することが必要になる。

　第一線で実際に業務を行っている社員なども，同様である。責任はマネジャーほど大きくないにしても，自分自身の行っている経営活動がどのような効果を生み企業組織に貢献をしているのかを把握することは，難しい場合も多いが，可能であればその効果を測定し，効果がどれくらい企業に貢献しているかが理解できることが望ましい。また企業目標と自分の活動をつなげるために企業の目標が数値であれば，自分の目標とのつながりも理解しやすい。このように，数値で示すことの効果は大きく，また問題がある場合の改善もやりやすい。

　したがって，会計数値と定量的な数値を示すことは結果としても目標としても経営活動に重要なことであり，それを管理会計情報が提供しているのである。

1.3.4　管理会計の担当者

　管理会計情報が組織の内部の経営活動に役立つ会計情報であるが，会計情報であるがためには，ルール作りは必要である。このルールは，必ずしも財務会計が基づいている会計基準に基づかなくてもよいとされている。しかしその基礎は簿記であり，その点においてはもちろん共通点はある。加えて，管理会計情報の一つである原価計算による会計情報は，財務報告にも活用されるため，原価計算基準に基づくこととなる。したがって全く公的ルールに基づかなくてもよいというわけにはいかない。

　とはいえ，その組織の目的を果たすための管理会計であるが，そのルールは公的ルールに基づくばかりではない。それでは，企業ごとの管理会計のルールは誰が決定するのか。欧米の企業では，管理会計のルールを決定する担当を，コントローラーというポジションの人が担う。**コントローラー**は，管理会計を担当するバイスプレジデント（欧米の企業において，プレジデント（社長）に次ぐ役職）である。

一方，日本におけるコントローラー機能は経営企画や経理・財務に分散しているとされており，管理会計の担当部門は企業内に分散している。加えて，日本企業には管理会計に携わる者が，本社のみならず，傘下の組織にも分散している。これは，日本の管理会計が本社や担当者だけが考えているものでなく，むしろ第一線においても管理会計情報が活用されている証ともいえ，日本企業の特徴ともなっている。

こうした状況を踏まえて，日本 CFO 協会では FP & A（Financial Planning & Analysis）を推奨し，会計情報のみならず，戦略など企業全体を定量的な観点から責任を持つことができる CFO（Chief Financial Officer；最高財務責任者）の育成を提唱している。

1.3.5 管理会計を理解するための基礎概念

これから管理会計を学んでいくにあたり，原価の分類についての考え方を理解することは重要である（図表1.5）。例えば，ある製品を製造するときにかかったすべての費用を**総原価**という。総原価は，製造にかかった費用である**製造原価**と，それ以外にかかった費用（販売にかかった費用である**販売費**と企業が本業を行う上でかかった費用である**一般管理費**）に分けられる。さらに，どのくらい費用がかかったのかを製品とひもづけて直接的に認識できる費用を**直接費**と呼び，製品の関連を直接的に認識できない費用を**間接費**と呼ぶ。このような分類から，製造原価は，製造直接費と製造間接費に二分される。このほか，**第5講**では変動費と固定費という分類，**第8講**では管理可能費と管理不能費という分類について学習する。

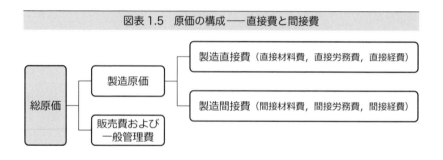

図表1.5 原価の構成——直接費と間接費

1.4 管理会計と経営活動

　管理会計情報は，組織の中のあらゆる部門で活用されているが，それはどのような経営にまつわる分野であっても管理会計との関わりが見られるということを意味している。

　管理会計という研究分野は会計分野として認識されていることが多いものの，管理会計が経営に役立つ会計であるために，経営学，特に経営管理との関連性は強い。この講の後に続く各内容において意識されるのは，定量的な情報を主として使いながら経営に役立たせるという管理会計の視点である。定量的な情報とは，財務情報のみならず，非財務情報も含まれる。

　加えてマーケティング，生産管理，人事管理など，一見関連性が薄そうに見える分野であっても関連性はある。例えば，マーケティングにおいては，広告費の効果を測定する，顧客満足度を測定するなども管理会計の分野での検討が可能であり研究もなされている。生産管理においては，そもそも科学的管理法が標準原価計算のもととなっているということからも示されているように，効率的な生産方法を考えていく上で会計をはじめとする定量的な情報を活用することと強く関係している。人事管理においても，従業員満足度の測定，報酬制度の在り方などについては，どのような効果やアウトプットをどのように測定するかということが問題であり，これは管理会計分野の話題でもある。

　管理会計情報は経営を営む上では欠かせない情報でもある。つまり経営を営む中での黒子のような存在といってもよいであろう。

　従来，管理会計は原価計算を含め，大規模な製造業で発展してきたという歴史があるため，管理会計に関する説明の多くもこうした事例をもとになされてきた。しかし，現在，管理会計の考え方は大規模製造業だけでなく，あらゆる業種の大企業，中小企業に活用されようとしている。特に現在は，中小企業での管理会計の活用についての議論がなされているところである。中小企業において，どのような管理会計が必要で何は必要でないのか，どうす

れば使いやすくなるのかなどなどその論点は多い。

また，サービス業においては原価計算がしにくいということで管理会計を敬遠しがちであったが，レベニューマネジメントといった需要の変化と売上に着目した考え方をはじめとして，サービス業においても管理会計の役立ちが大きくなりつつある。

加えて，NPOなどの民間非営利組織や，国や地方公共団体などの政府組織においても，複式簿記の重要性が認識されるようになり，こうした組織においても企業における管理会計手法を導入しようという動きもある。

1.5 本書の構成

このように管理会計の考え方は，目的を持った組織であればどのような立場であっても必要な考え方である。とはいえ，本著では**第14講**までは企業を前提に管理会計を説明する。まず，**第2講から第10講**は，管理会計の基

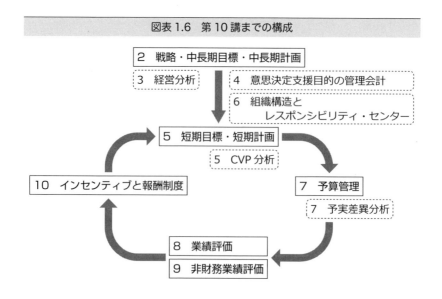

図表1.6　第10講までの構成

礎的な仕組みを説明する。そこでは，管理会計を経営に活用するためのシステムや考えるためのツールとなるものが紹介されている。第10講までの構造を図1.6に示している。各項目の最初にある数字は各講を示している。また実線の囲みは管理会計の仕組み，破線での囲みはそれを支える考え方となっている。

第11講では第10講までに学んだ管理会計制度をつなげる一つの考え方であるマネジメント・コントロールについて紹介する。

続く第12講から第15講までは，管理会計分野で知っておきたい項目である。第12講では，企業のグローバル化の流れの中でのマネジメントの難しさを背景としたテーマとなっている。第13講，第14講は日本発といわれている管理会計制度のうち，2つを紹介している。一つはアメーバ経営であり，もう一つは原価企画である。また，第15講では公共部門の管理会計を取り上げた。管理会計はこれまで大規模製造業を中心として発展してきた。しかし近年は前述したようにさまざまな業種や規模の企業のみならず，利益を追求しない組織においての活用も進んでいる。そこで，第15講では，公共部門の管理会計に焦点を当てている。

●練習問題●

問1　管理会計と財務会計の違いを説明しなさい。
問2　管理会計と経営活動との関係を説明しなさい。

【推薦文献】

Johnson, H. T. and R. S. Kaplan（1987）*Relevance lost : the rise and fall of management accounting.* Boston, Mass. : Harvard Business School Press.（鳥居宏史訳（1992）『レレバンス・ロスト：管理会計の盛衰』白桃書房）

第**2**講
戦略と計画

　組織は，組織目標を達成するために存在する。組織目標達成のためにはやみくもに組織メンバーが動くのではなく，組織の目的・目標を達成するための段取りを整えることが必要になる。目標達成へと導くのが**戦略**であり，**計画**である。

　この講では，管理会計が経営に役立つ情報を提供することを踏まえ，経営の方向性である目標を決め，それを達成するための戦略や計画について学習する。

2.1 組織の目的と目標

　組織には，それぞれ目的があるが，目的と一口にいっても，実はさまざまなものがある。企業であれば企業理念，ミッション，パーパスや，社是といったものを持つ組織もある。これらは何のためにその組織が存在しているのかを示している。組織がいわば永続的に存在していくときの価値ともいえる。こうした目的は重要であり，しかし抽象的なこともあるので，実際にどのような行動をしたらよいのか，組織の中でいろいろな活動をする上では迷ってしまうこともあるであろう。そこでもう少し具体的な目標を決めておくことになる。

　例えば，10年先を見据えた**長期目標**や3～5年先を見据えた**中期目標**があ

る。業種にもよるが，10年後の状況を見通すことが困難な場合，すなわち昨今のように想定外のことが頻繁に起きる，あるいは技術革新がはなはだしいなどの状況下においては，長期の目標を具体的に立てることは困難になる。そこで，より現実的な当該組織や企業の到達する目標となるのが中期目標である。中期目標は，3年から5年といわれているが，こうした期間を通じてどのようなことを組織として達成するかを，組織内あるいは組織外に示し宣言をすることとなる。

　この中期目標を達成するために期間の中での各年度，すなわち1年ごとの計画が年度計画であり，あるいはより短い半期の目標もある。1年以内の期間を見据えた目標が**短期目標**となる。

2.2　戦　略

　組織目標を達成するために，組織，特に企業組織にとって重要となるのが「戦略」である。戦略は，もともとは軍事用語であったが，企業組織が競争の中でどのように生き残り進んでいくかを示すものとしてこの言葉が使われるようになった。したがって，戦略の考え方は市場競争に企業組織がいかに勝つかという視点を主として構築されている。

　戦略の定義はさまざまであるが，アメリカで企業競争が激しくなった際に企業戦略論を示したアンゾフ（Ansoff, I.）は，企業の意思決定を戦略的決定，管理的決定，業務的決定の3つに分類し，戦略的決定は企業の外部問題に関わる決定で，自社の外部環境の変化に企業全体を適合させるために行う一連の意思決定としていた。そして，その中核となるのが，製品市場戦略を決定することだとし，特に多角化の決定に注目した。

　その後の戦略論の研究者たちの定義は多様である。網倉・新宅（2011）がそれらの共通点として述べているのは，到達すべき目標やゴール，企業外部の環境要因と企業内部の資源力とを関連付け，目標に至るための長期的・包括的に描いた筋やシナリオという点としており，いわば「見取り図」であり，

目的と手段の連鎖として成り立っているとされる。

戦略は，主に活動の前に構築される。その企業が達成したい目標と現実の間をどのように埋めるかの方針を示すもの（意図された戦略）であるから，企業や事業としての意図に基づいて策定されるものである。しかし，現実には，戦略策定には試行錯誤があり，組織の中での学習を経ながら実現される戦略もある。これは創発的戦略として，事前に意図された戦略ともども戦略としてとらえられている（Mintzberg et al., 1998）。

2.2.1 戦略の分類

戦略は，全社戦略，事業戦略，機能戦略に分類できる。**全社戦略**とは，**企業組織全体がどのように活動を行っていくか**を示すものである。企業全体の方向性を決めるものであり，トップ・マネジメントによって決定されることになる。全社戦略が重要になるのは，1つの企業の中に複数の事業を持つ場合が多い。何を事業分野とするか，あるいはその逆に事業分野とはしないかという企業活動の領域を決めることであり，すなわち自企業内の事業の構成図を描くことになる。もちろんこうした事業の設計，選択には，それを行うことによるさまざまな合理性を考察することが必要になる。

全社戦略の中で示された**領域の中の事業ごと**に策定されるのが**事業戦略**である。事業戦略は，競争戦略とも呼ばれる。理由は，その事業を取り巻く市場でいかにその事業が勝ち抜くのか，その策を練ることになるためである。

もう一つの**機能戦略**は，**各機能別**の戦略のことをいう。例えば，生産・物流・販売・マーケティング活動に加え，人事・財務・調達・技術・研究開発など事業活動を支える活動もあり，それらにもそれぞれ戦略が立てられる。これらの戦略は事業戦略や全社戦略と強く関係しており，また関係性を意識して構築しなければうまくいかないものともいえる。

2.2.2 全社戦略

全社戦略に関する考え方として，まずアンゾフにより提唱された成長ベクトルについて学ぶ。アンゾフは，どのような製品をいかなる市場に向けて出していくのかという製品市場戦略の決定を通じて，**多角化**に着目した。

図表2.1 アンゾフの成長ベクトル

製 品

		既 存	新 規
市 場	既 存	市場浸透戦略	新製品開発戦略
	新 規	新市場開拓戦略	多角化戦略

（出典） Ansoff（1965）より筆者一部修正

　次に，多角化を検討するにあたって重要な概念の一つであるシナジーについて学ぶ。その上で，内部資金を有効に活用するという観点での考え方の一つである事業ポートフォリオマネジメントについて学ぶ。

(1) アンゾフの成長ベクトル

　戦略論の父と呼ばれているアンゾフ（Ansoff, 1965）は企業組織が多角化するときの考え方を4象限で示している（**図表2.1**）。縦軸は市場について今のままの市場を深く掘り下げるのか，あるいは新規市場に出ていくのかであり，横軸は既存の技術をより深めた製品とするか，あるいは新しい技術による製品を開拓するのかという区分である。これによって企業が現在の市場や製品・サービスに関連した技術を深めるか新たな方向に行くのかの方針を示している。

(2) 多角化とシナジー

　企業全体のゆくえの見取り図を示している全社戦略を策定するために，まず企業ドメインは何かを決めることが必要である。ドメインはどのような事業を企業の領域とするかということを意味する。ドメインの決定は重要であるが，大規模な企業になるほど把握もしづらく難しいこともある。しかし企業の目的や理念なども踏まえ，企業ドメインに含めるべきでない事業や，含めていくべき事業などを検討する。

　企業ドメインを広げるには，2つの方向があるといわれる。一つは垂直的統合，もう一つは水平的統合である。

　垂直的統合とは，現在自社が営んでいる事業の前工程（川上）あるいは後工

程に関連した分野（川下）への進出を意味している。例えば，現在は，ある製品の中間組み立てを行っている企業であれば，製品を構成する部品も自社企業で生産したり，その原料の調達までも行ったり（川上），あるいは中間組み立てから最終組み立てまでも引き受ける（川下），中間組み立て後の最終製品の組み立てを行う，あるいはその先の顧客への販売までも行うなどといった，手掛ける領域の前後での拡大のことを指している。

　一方，**水平的統合**は，同じ事業ではあるが範囲を拡大していくことをいう。例えば，同じ製品であっても現在の顧客の範囲を広げ，新たな顧客に応じて製品の種類を増やすとか，販売を行っている企業であれば，現在出店している範囲を拡大するといったことである。中心とする事業は変わらないが，範囲を拡大する。あるいは今使っている技術を活用した別の事業を行う場合もあるし，全く異なった事業を買収することによって，事業を増やすこともある。

　こうした事業の拡大は，「多角化」ともいわれる。今ある事業に何を加えるか，あるいは何を除くかなどにより，企業がさまざまな事業を営むことになる。多角化を選択する理由はさまざまである。何らかのメリットがなければ資源を投じて新たな領域に進出したり，あるいは事業領域をやめたりはしないであろう。株主の立場からいえば，企業価値を上げることができなければ，多角化を行う必要はない。したがって，全社戦略として多角化が企業価値を上げるのか否かを判断することになる。

　例えば現在の事業と別の事業を別々に営んでいた企業価値の合計と，これを同じ企業内で営むことでの企業価値が不変あるいはマイナスになる可能性がある場合，別の事業への進出に意味を見出すことは難しい。しかしもし，ある企業と別の企業を同じ企業内で行うことで，事業を独立して営むときよりも企業価値が上がる場合，多角化を選択することがある。

　多角化を行う動機には，既存事業の長期的な停滞のために他の機会を試みる，既存事業が持つリスクを分散させる，未利用資源の有効活用，範囲の経済，多角化の合成効果などがある（網倉・新宅，2011）。

　範囲の経済とは，事業を個別に行うよりも共に行う方が，共通費用などで費用を削減できる場合や廃棄していたような副産物を活用することで収入が

上がったりする効果を指す。この収入がプラスになる効果を**シナジー**（相乗効果）と呼ぶ。

シナジーのうち，既存事業と関連性が高い事業への多角化は**関連型多角化**という。一方で，関連性が弱く事業シナジーが生じにくい多角化を**非関連型多角化**という。事業シナジーとして収入を増やす**収入シナジー**，費用を減らす**費用シナジー**がある。また多角化の理由としては，各事業が互いに足りない部分を補う**相補効果**もある。事業シナジーを生むためには，経営資源が供用されることで生み出されるプラスが，それにかかる費用よりも上回ることが必要である。

また，財務的な側面から，内部資金を有効に活用するという多角化のシナジー効果もありうる。これは**財務シナジー**といわれる。

(3) 事業ポートフォリオマネジメント

内部資金を活用するための考え方としては**事業ポートフォリオマネジメント**（Business Portfolio Management）の考え方がある。事業ポートフォリオマネジメントは事業の成長性と事業の収益性により自社内の事業の組み合わせを示すフレームワークである。もともとの考え方はボストン・コンサルティング・グループ（BCG）が考案した**プロダクトポートフォリオマネジメント**（PPM）にあり，横軸に事業の競合企業に対する相対的シェア，縦軸に市場の成長率を置き，4つの次元に事業を分けた。

PPMは事業の累積生産経験が大きくなるほど平均費用が低下する関係に着目した**プロダクトライフサイクル**の考え方を活用している（**図表2.2**）。競争企業よりもシェアを早く獲得することで経験を早く蓄積し，その後マーケットが飽和状態になったときには大きなシェアを得ているために，新たな投資をすることなくキャッシュを獲得できるということである。

プロダクトライフサイクル初期の，相対的シェアが低いが市場の成長率が高い事業は**問題児**といわれ，これから投資することで相対的シェアが得られるか否かの段階にある。

相対的シェアが高まると市場の成長率の高まりの中で**花形**といわれるポジションを得ることができる。シェア獲得のために投資が必要であるが，それによりシェアを高めていくことが可能となる。

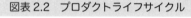

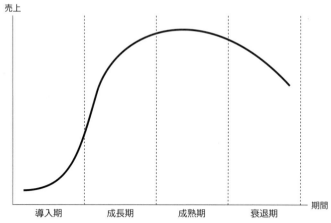

(出典) 網倉・新宅 (2011) より筆者一部修正

　やがて市場の成長が止まっても大きなシェアを持っているために，売上はそのままで平均費用は低いために利益が上がる，いわば金のなる木である（キャッシュカウともいわれる）。
　その後，市場成長率が低くなり，シェアも低くなるとその市場からの撤退も選択肢の一つとなる「負け犬」といわれるポジションとなる。「負け犬」では，テコ入れする投資とリターンとの見合いを判断することが重要になる。
　このように，市場成長率と相対的シェアによって企業内の事業をポジショニングして，企業として今後資金をどこに投入すべきかを考えることができる（図表2.3）。
　このPPMの考え方は，多角化を推進する企業に広く知られる考え方となっているが，いくつかの限界も指摘されている。
　1つ目は，事業間のシナジーが考慮されないという点である。事業間に関連性がある場合も，このPPMに当てはめて考える際には，事業ごとに位置付けを評価されることになる。したがってこのポートフォリオは，コングロマリット型，つまり関連性の少ない事業を持つ企業に適しているが，関連している事業を複数持っている企業にとっては活用しにくいといえる。

2.2 戦略

図表2.3 プロダクトポートフォリオマネジメント（PPM）

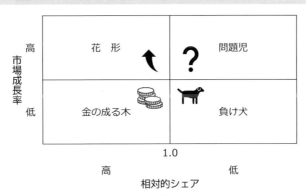

（出典）網倉・新宅（2011）より筆者一部修正

2つ目は，新たなアイデアの創出につながりにくいという点である。PPMは，各事業の現状を可視化することはできるものの，「将来に向かって何をするべきか」という問いに直接的な答えを提供してくれるものではない。

このように，PPMの考え方や分析は，全社戦略を検討する上で多くの示唆を与えてくれるが，こうした限界を併せ持つものであることは十分に理解しておく必要がある。

2.2.3 事業戦略

事業戦略は，企業の中で完結しているとみなされる事業が競合他社とどのように競争していくべきかを示す，いわば事業の見取り図である。したがって，**競争戦略**といわれることもある。

単一事業を担っている企業においては，全社戦略と同義になるが，多角化している企業においては事業別に事業戦略が存在することとなる。

事業戦略についての考え方として，本節では，まず経営環境の外部要因と内部要因を分析するSWOT分析について学習する。次に，外部要因に注目したポーター（Porter, M. E.）の競争戦略のフレームワークを学習する。最後に，内部要因に注目したバーニー（Barney, J. B.）のVRIOフレームワークを学習する。

（1）SWOT 分析

　競争戦略を策定するためには，まず自社の事業についての分析が必要になる。この一つの方法が SWOT 分析である。SWOT とは，分析する自社の事業の強み（Strengths）と弱み（Weaknesses）といった内部要因と，外部要因がもたらす機会（Opportunities）と脅威（Threats）の頭文字をとった呼び名で，これらを分析する。

　企業や事業の内部要因と外部要因に着目する考え方は古くからあるが，そこから外部要因にウエイトを置いた考え方と内部要因にウエイトを置いた考え方が形成されていった。

（2）ポーターの競争戦略のフレームワーク

　外部要因に注目した代表的な戦略論として，ハーバードビジネススクールのポーターによるファイブフォースと呼ばれる考え方がある。**既存企業間の対抗度，新規参入の脅威，売り手の交渉力，買い手の交渉力，代替品の脅威**という 5 つの要因で業界の構造を分析するものである。

　これによって既存事業のポジショニングが明らかになったところで，ではこれからどのように競争をしていったらよいかを検討する。選択肢としては，コストリーダーシップ，差別化，コストまたは差別化に集中する集中戦略，という大きく 3 つがある。

　コストリーダーシップは低コスト・低価格の追求を市場で率先することによって顧客を獲得しようとするものである。一方，**差別化**は自社の製品やサービスの違いを顧客に認識してもらうことで，競合他社との価格での違いを

図表 2.4　ポーターの競争戦略のフレームワーク

戦略優位

		低コスト	高コスト
対象市場	広 い	コストリーダーシップ戦略	差別化戦略
	狭 い	集中戦略	
		（コスト集中）	（差別化集中）

（出典）　Porter（1980）より筆者一部修正

顧客に訴求しないという戦略になる。**集中戦略**は，市場でのリーダーはとれずともどちらかの戦略に資源を集中していく戦略といえる（**図表2.4**）。

(3) バーニーのVRIOフレームワーク

　事業を取り巻く外部要因から自社の戦略を導き出す考え方がある一方で，内部要因を重視する考え方もある。内部要因とは，**企業の中にある資源が各企業や事業によって異なる**という前提のもとでの考え方である。既存事業が持っている資源が異なり，その組み合わせによって，その成果も変わるということである。

　経営資源といわれるのは，従来のヒト・モノ・カネそして情報である。これらの経営資源に加え，「組織能力」も競争行動を実行する能力とされている。

　内部要因に着目した資源ベースの考え方に基づいた分析フレームワークとして，VRIOフレームワークがある。VRIOとは，資源がもたらす**経済価値**（Value），**資源の希少性**（Rarity），および**模倣可能性**（Imitability）に**資源を活用する組織**（Organization）という競争優位の持続性を決定する4つの要因の頭文字をとったものである。

　これら4つの要因による条件が整うと，資源に基づいた競争優位は持続可能であり，業績標準を上回る収益ポテンシャルが期待できるとされている。これらは静態的にも動態的にも分析が可能とされている。

2.2.4　戦略策定と情報

　戦略策定において，財務情報やシェアといった定量情報が重要な役割を果たすことになる。そこでは，自社全体の財務情報に加え，自社内の事業別の管理会計情報と，同じ業界の他社情報を活用した分析が不可欠である。

　他社情報については，上場している企業であれば，外部への公開が義務付けられている有価証券報告書から財務・非財務の情報を多く得ることができるし，企業が自主的に公開している統合報告書などの報告書類も重要な情報源となる。

　非上場の会社については，外部から得られる情報が限定的となる場合が多いが，その企業が決算公告を行っていればそこから財務情報を部分的に知ることはできるし，企業のホームページや業界メディアの情報からその企業の

活動内容や取り組みの方向性について知ることは可能である。

このようにして入手した他社情報と，自社で保有している各種情報をもとに，本講で学んださまざまな考え方を用いて，戦略策定に役立たせるための分析を行うことができる。

2.3 目標と計画

戦略が策定されると，企業や事業のゆくべき方向が明確になる。しかし方向性が決まっても経営資源を活用してどのようにそれを実行するのかという点についてはさまざまな選択肢がある。これについてあらかじめ決めておくプロセスを示しているのが長期計画あるいは中期計画となる。

2.3.1 長期目標と長期計画

長期目標，例えば10年後に何を達成するのかという目標を達成するための大きな道しるべが**長期計画**である。長期計画はそれほど詳細に作成するのではなく，あくまで長期目標を達成するためにどのような流れで行うのかを示すものといえる。

長期計画は長期目標を達成するためのプロセスであるが，長期目標の方が遠い将来のことを述べているとすれば，戦略自体が設定している期間にもよるが，長期計画は戦略を内包しつつもそれを超えたプロセスを示すことになる。

企業環境の変化が激しい状況下においては長期目標や長期計画を立てることは難しいとされてきたが，最近のサステナビリティ，持続可能な環境づくりといった目標が企業にとって重要になってきた現在においては，長期目標や長期計画も重要になりつつあるともいえる。

2.3.2 中期目標と中期計画

中期計画においては戦略を前提として大きな経営資源をどのように配分し

活用するのか,中期目標を達成するためのプロセスを示すものとなる。中期目標,戦略との整合性をとりつつ現在から3～5年先までの経営活動を描くものである。この中期計画は短期目標,短期計画,予算のよりどころとなるものである。

(1) バリューチェーン

　戦略を策定しただけでは経営活動にはならない。戦略をどのように実行するかを検討するために有益なフレームワークとして,バリューチェーンがある。

　バリューチェーンとは,**企業が顧客に提供する付加価値を生み出すために行う活動の連鎖**を指している。このフレームワークにおいて,企業の活動は2つに大別される。

　一つは**経営の主要活動**である。顧客への製品供給に直接関わっている機能のことを指し,購買物流,生産,出荷物流,販売,サービスといった活動がこれに該当する。もう一つは**支援活動**である。事業全体の活動に必要なサポートを提供する機能のことを指し,調達活動,技術開発,人的資源管理,企業インフラなどが該当する(図表2.5)。

　企業が戦略を実行するためには,バリューチェーンをその戦略に最適となるように構築する必要がある。コストリーダーシップを戦略とするのであれば,どの活動でどのように安さを実現するのかを考える必要があるし,差

図表2.5　バリューチェーンの一例

(出典) Porter (1985) をもとに作成

別化を戦略とする場合もどの活動でどのような独自性を発揮するかを考える必要がある。

このように，バリューチェーンというフレームワークは，戦略を実行するために企業内の諸活動がどのようになるべきかを考える上で有用な視点となる。これをもとに考えられた諸活動の改善案は中期計画にも落とし込まれることとなる。

(2) 中期利益計画

中期目標が定まり戦略も決定され，それに必要なバリューチェーンの検討がなされれば，次はこれをどのように実行するのかということになる。実行するのは組織メンバーであり，中期目標や戦略策定を中心に行っていたトップ・マネジメント層ではない。したがって，いかに実行に移すかを示すための中期計画が立てられる[1]。中期計画は，中期目標を達成するためにどのような活動を行うかについての計画となる。

中期計画においては，戦略を実行するための大きな計画，すなわち投資計画も策定される。中期計画によって，組織構造や人事なども変更されることもある。組織のあらゆる部門が戦略や中期計画の実現に沿って検討されることが必要となる。

次にその計画を行うために必要となる経営資源と経営活動の結果となる成果を会計情報によって示す計画が**中期利益計画**となる。会計情報により中期目標の事項がさらに実現可能に近づくことになる。

中期利益計画の策定のステップは以下のとおりである。まず第1に，経営活動として，投資活動と通常の活動とを区分する。投資活動については**第4講**に示されるようなプロセスを経て意思決定が行われる。投資活動には大きな投資額が予想されるので，トップ・マネジメントも含めた慎重な意思決定が必要となる。

第2に，経営活動については，戦略を実現するために必要な資源を費用や支出として，活動の結果生まれる成果を収益や収入として測定する。利益や現金収支を算出し，**計画損益計算書**，**計画貸借対照表**，**計画キャッシュフロ**

---

[1] 中期計画を中期経営計画と呼ぶこともある。

ー計算書を作成することになる。

(3) 中期計画の重要性

　中期利益計画を含む中期計画は，組織にとっての方向性を示す中期目標と見取り図である戦略を実行するためのプロセスを示すものであり，シナリオともいえる。このシナリオはあまり細かくは立てなくとも，大きな変化を見据えた組織変革をも含め，全社・事業が必ずしもこれまでの延長線の活動ではないことも前提とした計画でありうる。したがって，中期計画は組織にとって非常に重要な経営活動の一つといえる。

2.3.3　中期計画から短期目標設定と短期計画・予算

　中期利益計画をもととして，単年度の短期計画，短期利益計画，そして予算が策定される。つまり中期計画は，短期利益計画，予算の前提となる（図表2.6）。中期目標，中期利益計画で示された各財務数値，非財務数値などを

図表2.6　目標と計画

長期目標	……10年先を見据え，より具体化された目指す方向
↓	
長期計画	……長期目標を達成するためにどう行動すべきかを示す道しるべ
↓	
中期目標	……3〜5年先を見据え，より具体化された目指す方向
↓	
中期計画	……中期目標を達成するためにどう行動すべきかを示す道しるべ
↓	
短期目標	……1年以内を見据え，より具体化された目指す方向
↓	
短期計画	……短期目標を達成するためにどう行動すべきかを示す道しるべ
↓	
予　算	……貨幣数値で示された企業の1年・半年などの活動計画

実現するために3年なら3年間での各年ごとのステップをどう歩むかが短期計画である。本講では中期計画と短期計画との関係性について学習し，短期利益計画の詳細は**第5講**，予算の詳細は**第7講**で学習する。

中期計画自体，毎年ローリングを行う企業もある。例えば，3年の中期計画を立てているとすれば，最初の3年間のうち1年経過した時点で，次の3年間の目標と計画を立て直すという形である。あるいは，次の3年間ではなく2年間分を見直して作り変える企業もある。他方3年間の目標は固定するという企業もある。これらの方法はどの方法であっても企業や組織が置かれている外部環境の変化のスピードの速さ，規制の強さ，技術革新の速さなどによって適している方法が異なる。

重要なことはこれらの計画が机上の空論にならないよう，企業内の各部門と共有し，目標を達成するためのプロセスとして組織全体の共通認識とすることである。

2.4　戦略実行を支援する管理会計

戦略を実行するのは組織メンバーであることは前述したとおりであるが，実務では戦略について意識せずに日々の経営活動を組織メンバーが懸命に行っていることもある。これは，戦略と組織メンバー自身の行動との関連性が理解されていないことも一つの原因である。経営活動において大きな方向性を示すことは重要なことであるが，一方でそれをいかに実現するのかということがより重要である。なぜなら，実行しない限りは戦略も計画もいわば絵に描いた餅になってしまうためである。

この点について，一つの案を提示したのがキャプラン（Kaplan, R. S.）とノートン（Norton, D. P.）が提唱した**バランスト・スコアカード**（Balanced Scorecard, BSCと略す）である（Kaplan & Norton, 1996；2000）。BSCについての詳細な説明は**第9講**にある。キャプランとノートンが提示した問題意識は，企業や組織の規模が大きくなるにつれて起きがちな問題を提起してい

る。大規模な組織においては，トップ・マネジメントと第一線で働く組織メンバーとの心理的距離も物理的距離も大きくなりがちである。距離があっても同じ方向性を共有すること，また方向性のみならず方向性が自分の仕事とどのように関わるのかを組織メンバー自身が理解することで，組織メンバー一人ひとりの経営活動が変わることにつながることになる。

　BSCはそのために目標設定，目標値，アクションプランなど，目標と業績評価のシステムによって実現しようとしたものである。このようにして，管理会計は戦略実行を支援することができる。

●練習問題●

問1　長中期目標と戦略との関係を述べなさい。

問2　PPMについて説明しなさい。

【推薦文献】

Ansoff, H. I.（1979）*Strategic Management.* London : Macmillan.（中村元一訳（1980）『戦略経営論』産業能率大学出版部）

Porter, M. E.（1980）*Competitive strategy : techniques for analyzing industries and competitors.* New York : Free Press.（土岐坤・服部照夫・中辻万治訳（1982）『競争の戦略』ダイヤモンド社）

Barney, J. B.（1997）*Gaining and sustaining competitive advantage.* Reading, Mass. : Addison-Wesley Pub. Co.（岡田正大訳（2003）『企業戦略論：競争優位の構築と持続【上】基本編』ダイヤモンド社）

第3講

経営分析

　経営分析は，企業のビジネスの現状について理解し，評価するために行う**各種の分析**である。経営分析から得られる考察の精度は，企業の将来を描く上で重要な意味を持つ。現状を適切に理解し，評価することができなければ，未来を見誤ることにつながるからである。

　経営分析は，連続的かつ反復的に実施されるものである。ある時点で実施した分析結果と異なる時点で実施した分析結果を比較することで，**時点間の変化**についての情報が得られる（**タイム・シリーズ分析法**）。これにより，経営戦略の実行について，一定期間における成果を確認することができる。また，ある時点において同じ産業や業種の他社と比較することや同一企業内における事業部門間で比較することも有用である（**クロス・セクション分析法**）。他者と比較することで，自らの強み，弱みなど相対的な立ち位置についての情報が得られるからである。

3.1 経営分析の意義

3.1.1 経営分析の実施主体，対象，利用可能情報

　企業内部と企業外部という視点から，経営分析における実施主体，対象，利用可能情報について整理すると**図表3.1**のとおりである。投資家やアナリストなどの企業外部の分析実施主体は，企業の全社レベルに対して分析を行

3.1 経営分析の意義　31

> **図表 3.1　経営分析における実施主体，対象，利用可能情報**

視点	企業内部	企業外部
実施主体	経営者，従業員など。	投資家，アナリストなど。
対象	企業全社レベルに加えて，事業部レベルなどのより細分化したレベル。	企業全社レベルなどのより集約化したレベル。
利用可能情報	公表情報に加えて，企業内部の各種詳細データ。	公表情報。例えば，有価証券報告書，アニュアルレポート，統合報告書，その他の IR 情報など。

うことが多いが，経営者や従業員などの企業内部の分析実施主体は，全社レベルだけではなく，企業の一部分である事業部レベルに対して分析を行うことも多い。この際，利用可能情報に注目すると，企業外部の分析実施主体は公表情報しか利用できない一方，企業内部の分析実施主体は企業内部の各種の詳細データが利用できるという点で，より詳細で深度のある分析を実施することが可能である。たとえば，変動費や固定費（詳細は，**第5講**を参照），機会原価や関連原価（詳細は，**第4講**を参照）など，企業のコスト構造や内部的な意思決定に関連する情報は公表情報からは得られないことが多いが，企業内部の分析実施主体であれば利用できる情報である。

　公表情報を念頭に置くと利用可能情報としては，有価証券報告書，アニュアルレポートや統合報告書に掲載されている財務諸表から得られる情報のほか，財務諸表以外のパート，その他の IR 情報などによって提供される情報がある。

　この点，利用可能情報の特徴を**図表 3.2** のように整理すると，**財務情報**は貨幣的尺度（金額）によって測定されるものであることから基本的には定量情報に限られる一方，非財務情報の範囲は広く，定量情報もあれば定性情報も含まれる。企業の規模に関わらず普遍的に分析する上では，一般的には指標化（比率計算）が有用である。非財務情報についても定量情報の方が扱いやすい面はあるが，定性情報は定量情報や指標化された情報を解釈する上での背景情報などを提供してくれることもある。

　どのような情報に着眼し，どのような分析手法を採用するかを検討する上で，分析の実施主体は分析の目的を明確にしておく必要がある。近年ではビッグデータの活用や生成 AI の利用など，今までにない規模のデータを高速

32　第3講　経営分析

図表 3.2　利用可能情報の特徴

視　点	財務情報	非財務情報
定量情報	財務諸表から得られる情報およびそれに類する収支見込みなど。	貨幣的尺度以外の数値で表現できる情報であり，CO_2 排出量などの環境，女性従業員比率などの人材，社外役員数などのガバナンスに関する情報など。
定性情報	記述情報として提供される財務諸表における注記の一部など。	事業戦略，事業上のリスク，事業の不確実性に関する情報など。

で処理する技術が見られるようになってきている。情報の入手に制約がない状況であれば，タイム・シリーズ分析法とクロス・セクション分析法をかけ合わせたパネル・データ分析でさえ低コストで実施することも可能であろう。ただし，分析技術が進化しても，何のために分析しているのかを見失ってはならない。

3.1.2　経営分析で用いる情報の信頼性

　分析の実施主体は，分析に用いる情報がどのように生成され，どの程度信頼性が担保されているかについて理解し，評価しておく必要がある。信頼性のない情報に基づいて分析を行っても，的確な考察や判断ができないからである。公表情報については，制度としての財務諸表に対する監査や財務諸表以外の情報に対する保証（アシュアランス）などが情報の信頼性に対する一助として考えられる。企業内部の各種の詳細データを利用する場合にも，それらのデータがどのように生成され，正確性が担保されたものであるかを分析に先立って検討しておくことが望ましい。

3.2　財務分析の意義

　第2講では戦略に注目した分析について学習した。例えば，SWOT 分析は，自社の有する強み（Strengths）と弱み（Weaknesses），外部環境における機

会（Opportunities）と脅威（Threats）の整理や分析に用いられる。このフレームワークは，ハイレベルな課題の洗い出しには有用であるが，分析を行う過程が主観的であり，また分析結果から将来の目標を立てる上でも抽象度が高い。そこで，客観性や具体性を補足する上で**財務分析**（財務情報を用いた分析）が有用となる。

3.2.1 財務分析の情報源となる財務諸表

　財務分析を行う際に，同じ産業や同じ業種の他社と比較する上で最も利用しやすく，最も基本的な情報源となるのが**財務諸表**である。財務諸表は貸借対照表，損益計算書，キャッシュ・フロー計算書，株主資本等変動計算書および注記から構成される。財務諸表の種類と説明は**図表3.3**のとおりである。
　売上高や純利益，総資産など，財務諸表において表示される項目の実額からも自社の成長の趨勢や他社との規模の比較など，一定の情報を得ることが可能ではあるが，財務分析では財務諸表における項目を指標化した情報を用いることが多い。実務的には，分析の目的に応じてさまざまな指標が用いられているが，ここでは**収益性分析**，生産性分析，**安全性分析**，キャッシュ・フローの状況についての分析の4つの観点[1]から代表的な指標について学習する。

図表3.3　財務諸表の種類と説明

種　類	説　明
貸借対照表	ある時点における財政状態を示すもの。資金の運用形態（資産）や資金の調達源泉（負債・純資産）の状況を示す。
損益計算書	ある一定期間における経営成績を示すもの。収益と費用の差として経営成績（損益）を示す。
キャッシュ・フロー計算書	ある一定期間における資金の増減理由，利用状況を示すもの。
株主資本等変動計算書	純資産のうち主に株主資本の各項目について，ある一定期間における増減理由を示すもの。
注記	上記を作成するために採用した会計方針や補足情報などを記述するもの。

---

[1] このほかに成長性分析が紹介されることが多いが，タイム・シリーズ分析法の延長にある分析の観点であると考えられることから，ここでは割愛する。

34 第3講 経営分析

3.2.2 収益性分析

企業の状況を理解し，評価する上でまず着眼する点は，**企業がどの程度利益を稼ぎ出す力（収益性）を有しているか**という点である。一般的な企業のビジネスを想定すれば，ある時点で調達した資金を投入して，一定期間の利益を稼ぐことになることから，貸借対照表の情報を分母，損益計算書の情報を分子とした指標で評価する。

指標化する際には，分子と分母について対応関係のある情報を用いる必要があり，貸借対照表と損益計算書に計上されている金額の意味を踏まえた上で利用する必要がある[2]。実際に指標の算出を行う際には，算出しようとしている指標の意味を考えた上で，財務諸表の情報について一定の調整を行うことで，できる限り分子と分母の目線を整合させることが望ましい。

本講で学ぶ代表的な収益性分析の指標は，**総資本利益率**（Return on Asset：ROA）と**自己資本利益率**（Return on Equity：ROE）である（**図表 3.4** 参照）[3]。総資本利益率は，**企業活動全体の収益性**を示す経営分析指標であり，自己資本利益率は**株主にとっての収益性**を示す経営分析指標である。

（1）総資本利益率（ROA）

企業が資金調達をする際には，銀行や債権者から調達する方法（**負債**）と株主から調達する方法（**自己資本**）の2つの種類がある。貸借対照表において前者は負債，後者は純資産に計上される。**総資本**とはこの負債と純資産を合算した金額のことであり，貸借対照表の仕組み上，**総資産**と一致する。

総資本利益率（ROA）の算出においては，分母に銀行や債権者に帰属する金額と株主に帰属する金額の合計金額を用いることから，分子において銀行や債権者に帰属する利益と株主に帰属する利益を用いる必要がある。この点，損益計算書における営業利益（営業活動から生じる損益）に余剰資本の運用から生じる受取利息・配当金などを加算した事業利益が対応する。

---

[2] 期間対応についても検討が必要である。貸借対照表はある時点の残高である一方，損益計算書はある期間の残高である。貸借対照表項目については，損益計算書における期間の期首と期末の平均的な残高（平残）を用いることが考えられる。

[3] 総資本利益率は Rate of Return on Asset，自己資本利益率は Rate of Return on Equity と表すこともある。

3.2 財務分析の意義　35

図表 3.4　代表的な収益性分析指標

種　類	算式（%表示）
総資本利益率 （ROA）	$\dfrac{\text{事業利益（＝ 営業利益 ＋ 受取利息・配当金など）}}{\text{総資本（＝ 負債 ＋ 純資産）}} \times 100$
自己資本利益率 （ROE）	$\dfrac{\text{当期純利益}}{\text{自己資本（≒ 純資産）}} \times 100$

(2) 自己資本利益率（ROE）

　次に自己資本利益率（ROE）であるが，これは先に述べた企業の資金調達のうち，株主からの資金調達に着眼した分析である。純資産の中には厳密には自己資本と呼べない要素もある[4]が，ここでは両者について概ね近い概念として紹介する。

　この場合，分母に株主に帰属する金額を用いることから，分子には株主に帰属する利益を用いる必要がある。したがって，総資本利益率（ROA）算定の際に用いた事業利益から債権者への支払利息などを控除するほか，特別損益項目や税金費用をも加減算された，株主への分配可能な利益として計算される当期純利益を用いることが適切である。

(3) 収益性分析指標の分解

　企業の状況を理解する上では，収益性分析の指標について，**図表 3.5** で示すように分解して解釈や考察することが有用である。

　第 1 ステップでは，収益（売上）の概念を指標の分子，分母にかませて分解を行う。第 1 項は，売上と利益の関係となり，**売上に対してどの程度の利益が計上されているか（利益率）**を示す損益計算書の指標となっている。第 **2 項**は，**総資産や自己資本がどの程度効率的に売上に結びついているか**を示す指標であり，**回転率**とも呼ばれるものである。この分解からいえることは，

---

[4]「自己資本」とは株主に帰属する金額のうち，親会社株主に帰属する金額であるとされる。純資産には「自己資本」以外に，親会社以外の株主に帰属する「非支配株主持分」などが含まれる。したがって，より厳密に自己資本利益率を表現すれば，分子は「親会社株主に帰属する当期純利益」となる。

36　第3講　経営分析

図表 3.5　収益性分析指標の分解ステップ

種　類	第1ステップ（％表示）	第2ステップ（％表示）
総資本利益率 （ROA）	$\dfrac{\text{事業利益}}{\text{売上}} \times \dfrac{\text{売上}}{\text{総資産}} \times 100$	－
自己資本利益率 （ROE）	$\dfrac{\text{当期純利益}}{\text{売上}} \times \dfrac{\text{売上}}{\text{自己資本}} \times 100$	$\dfrac{\text{当期純利益}}{\text{売上}} \times \dfrac{\text{売上}}{\text{総資産}} \times \dfrac{\text{総資産}}{\text{自己資本}} \times 100$

売上に対して高い利益率を実現していて、総資産や自己資本を効率的に利用して売上を多く上げているほど、ROA や ROE は改善するということである。

　第2ステップは ROE についてのみ適用できるものである。この分解は、20 世紀前半に米国のデュポン社が内部管理に用いたことから、**デュポン方式**とも呼ばれる。総資産の概念を指標の分子、分母にかませて分解することで、第2項が自己資本から総資産の効率性を示す指標となり、第3項は総資産と自己資本の比率として貸借対照表の指標となる。第3項の意味を考えると、株主から資金を調達する金額に対して、銀行や債権者から調達する金額が大きければ大きいほど、指標は大きくなるため、一見すると売上に対する利益率や資本の効率性とは関係なく、銀行や債権者から調達を増やせば ROE は改善するとも考えられるが、例えば、当期純損失のケースなど、第1項が大きく悪化するケースでは、第3項が大きいとその悪化の影響を一段と増幅させる結果となってしまう。このような点から、第3項は**財務レバレッジ**（財務上のてこ）と呼ばれる。

　ROE の分解について、**図表 3.6** における企業 A と企業 B の数値例で確認を行う。

　企業 A と企業 B における X1 年の売上高と当期純利益は同額であり、X1 年における総資産の平残（平均的な残高）も同額である。しかし、ROE を計算してみると、企業 A は 2 ％であるのに対して、企業 B は 10 ％と 5 倍の水準になっていることがわかる。この点、企業 A は自己資本が厚く総資産/自己資本が 1.2 であるのに対して、企業 B は負債が大きく総資産/自己資本が 6.0 で

3.2 財務分析の意義 37

図表 3.6 ROE の分解に関する数値例

企業 A

貸借対照表（X1 年における平残）

総資産	1,800,000	総負債	300,000
		自己資本	1,500,000

損益計算書（X1 年）

売上高	50,000
当期純利益	30,000

自己資本利益率（ROE）= 30,000 ÷ 1,500,000 = 2%
当期純利益/売上 = 30,000 ÷ 50,000 = 60%
売上/自己資本 = 50,000 ÷ 1,500,000 ≒ 0.033
売上/総資産 = 50,000 ÷ 1,800,000 ≒ 0.028
総資産/自己資本 = 1,800,000 ÷ 1,500,000 = 1.2

企業 B

貸借対照表（X1 年における平残）

総資産	1,800,000	総負債	1,500,000
		自己資本	300,000

損益計算書（X1 年）

売上高	50,000
当期純利益	30,000

自己資本利益率（ROE）= 30,000 ÷ 300,000 = 10%
当期純利益/売上 = 30,000 ÷ 50,000 = 60%
売上/自己資本 = 50,000 ÷ 300,000 ≒ 0.167
売上/総資産 = 50,000 ÷ 1,800,000 ≒ 0.028
総資産/自己資本 = 1,800,000 ÷ 300,000 = 6.0

あり，財務レバレッジが企業Aの5倍の水準になっていることが確認できる。

3.2.3 生産性分析

収益性分析では，調達した資金の面から企業が持つ収益や損益を獲得する力を分析したが，生産性分析は調達された資金以外の投入資源について，どの程度効率的に用いて企業が付加価値を生み出しているかについて分析するものである。

付加価値とは，前工程までに累積された価値に対して，ある企業が生産を行うことで追加する価値のことである。付加価値の算定には，控除法と加算法という2つのアプローチがある。控除法は付加価値の定義から，生産高か

38　第3講　経営分析

ら前工程までに累積された価値を控除して測定する方法である。一方，加算法は付加価値の構成要素に着眼し，当期純利益に対して人件費，租税公課などを足し戻すことで測定する方法である。なお，付加価値と比較される投入資源としては，従業員数や有形固定資産の残高が用いられることが多い[5]。

　生産性分析には2つの課題がある。一つは，付加価値を測定する上でのデータ制約である。収益性分析と同様に損益計算書におけるデータを用いるというのが一つのアイデアではあるが，損益計算書はある期間における売上と費用を対応させて損益を計算させる性質がある点，表示される勘定科目は一定程度要約されたデータとなっている点を踏まえ，付加価値算定において適切な情報の抜き出しや十分な粒度が担保できないことがある。この点，企業内部の分析の実施主体は企業内部の各種の詳細データを利用できるが，ある時点において同じ産業や同じ業種の他社と比較することには困難性を伴う。

　いまひとつは，無形資産を含めて企業における投入資源が多様化している中で，企業が付加価値を生み出すプロセスが複雑化しているという点である。このため，どの投入資源がどのように付加価値に寄与しているかを特定することが困難であり，投入資源の自体の測定にも困難性が伴うケースがある。

3.2.4　安全性分析

　収益性分析や生産性分析は調達した資金や，その他の投入資源をどの程度効率的に利用できているかについての分析であったが，安全性分析は，**企業の財政状態に対する分析**であり，主に貸借対照表の情報を用いた分析である。安全性という言葉が意味するのは，財務的な健全性を意味し，債務超過などに陥る可能性と考えることができる。

　代表的な安全性分析の指標の種類と算式は**図表 3.7** である。流動比率と当座比率は，企業の短期的な支払能力を示す指標である[6]。固定比率と固定長期

---

[5] 貸借対照表と損益計算書の情報を用いた場合と同様に，期間対応についても検討が必要である。従業員数や有形固定資産の残高はある時点の残高である一方，付加価値はある期間に発生した総量である。したがって，従業員数や有形固定資産の残高については，付加価値が発生した期間の期首と期末の平残を用いることが考えられる。

[6] 当座比率は，あたかもリトマス試験紙のように企業の支払能力を判定できることから「酸性試験比率」と呼ばれる。

3.2 財務分析の意義　39

図表 3.7　代表的な安全性分析指標

種　類	算式（%表示）
流動比率	$\dfrac{流動資産}{流動負債} \times 100$
当座比率	$\dfrac{当座資産}{流動負債} \times 100$
固定比率	$\dfrac{固定資産}{自己資本} \times 100$
固定長期適合率	$\dfrac{固定資産}{（固定負債＋自己資本）} \times 100$
負債比率	$\dfrac{負債}{自己資本} \times 100$
自己資本比率	$\dfrac{自己資本}{総資本（＝負債＋自己資本）} \times 100$

適合率は，固定的な資産と長期的な資金調達源泉との関係に注目した企業の長期的な支払能力を示す指標である。**負債比率**と**自己資本比率**は，他人資本と自己資本との関係に注目した企業の長期的な支払能力を示す指標である。

（1）流動比率と当座比率（酸性試験比率）

流動比率と当座比率（酸性試験比率）は，いずれも**短期における財務的な支払能力**を示す指標である。貸借対照表上，通常の営業過程で生じる債権（債務）や1年以内に期限が到来する債権（債務）を**流動資産（流動負債）**と呼び，その他の残高を非流動資産（非流動負債）または**固定資産（固定負債）**と呼ぶ。また，商品，製品，半製品，原材料，仕掛品などの棚卸資産は，通常の営業過程で生じるものであることから，定義上，流動資産に含まれる。

流動比率は比較的短期間で解消する債務に対して，同様に比較的短期間で解消する債権がどの程度あるかを示すものである。このため，基本的には比率が高い方が安全といえるが，過度に高い比率であった場合，必要以上に余剰を抱えていることとなり，安全性と収益性のバランスが崩れ，効率的な運用ができていない可能性が示唆される。

流動資産は，上記で述べたとおり，定義上，棚卸資産を含むが，棚卸資産

は必ずしも直ちに流動化できるとは限らない。したがって，そのような資産を流動資産から除き，直ちに流動化（現金化）できる資産を**当座資産**と呼ぶ。当座資産としては，流動資産のうち，現金及び預金，受取手形，売掛金，有価証券が含まれる。当座比率は，比較的短期間で解消する債務に対して，比較的短期間で流動化できる債権がどの程度あるかを示すものであり，流動比率と併せて利用される。

（2）固定比率と固定長期適合率

流動比率と当座比率（酸性試験比率）は，短期的な支払能力を示すものであったが，固定比率と固定長期適合率は，短期的に流動化できない資産が**返済期限が無期または長期である資金調達源によってどの程度賄われているか**を示す指標である。自己資本は返済期限が無期であり，これを分母として用いた指標を固定比率，自己資本に返済期限が長期である借入金や社債などの固定負債を加算したものを分母として用いた指標を**固定長期適合率**と呼ぶ。固定資産が短期間で返済を必要とする資金調達源によって賄われている場合，固定資産は直ちに流動化できるとは限らないため，調達した資金の返済が滞る可能性がある。このため，これらの比率は低いほど安全といえる。

（3）負債比率と自己資本比率

負債比率と自己資本比率は，**資金調達の面から企業の状況を分析**するものである。収益性分析の中でも述べたとおり，企業が資金調達をする際には，銀行や債権者から調達する方法と株主から資金を調達する方法の2つの種類があり，前者は間接金融，後者は直接金融と呼ぶ。企業の破綻時などにおいて，法的には銀行や債権者から調達した負債の方が，株主から調達した自己資本よりも保全が優先される。

算式からもわかるように，負債比率と自己資本比率の差は，負債について指標を考えるか，自己資本について指標を考えるかの差でしかなく，負債比率も自己資本比率も本質的にはどの程度自己資本で負債を賄えるかを意味している。このため，基本的には前者は相対的に比率が低いほど安全性が高く，後者は相対的に比率が高いほど安全性が高いといえる。

一般的には負債による資金調達の方が，自己資本による資金調達よりもコストの面で有利とされることが多いことから，実務的には，安全性と収益性

のバランスを考えた上で負債の活用が行われている。

3.2.5 キャッシュ・フローの状況についての分析

安全性分析は主に貸借対照表の情報を用いた分析であったが，貸借対照表は，ある一時点における状態を示すものであり，実際の資金の動きについては捕捉できないという欠点が指摘される。

通常のビジネスを考えると先に商品を仕入れ，それを加工し，販売するプロセスとなる。買掛金や売掛金，支払手形や受取手形など，資金の支払のタイミングを調整する実務慣行はあるものの，資金の動きに着眼すれば，相対的にはお金が先に払われ，後からお金を回収することが多くなる。損益計算書において利益を上げているにもかかわらず，経営が破綻するようなケースが実務的には発生するが，これは**日々の資金の流れ**が滞ってしまうことに起因するものである。

この点，貸借対照表を中心とした安全性分析を補完する意味で，キャッシュ・フロー計算書など，事業のキャッシュ・フローの状況について確認することも有用である。

3.2.6 指標化された情報の意味を考えることの重要性

財務分析について，収益性分析，生産性分析，安全性分析，キャッシュ・フローの状況についての分析の4つの観点から代表的な考え方を紹介してきたが，企業についての評価や考察を行う上では，指標化（比率計算）された情報の意味を考えることが重要である。

貨幣的尺度（金額）は客観的な表現方法であり，指標化された情報もそれ自体で有用ではあるが，その背景にどのようなビジネス実態があるのかを理解することで分析に深みが増す。

また，例えば収益性と安全性のバランスなど，指標化された情報について組み合わせて考えることも有効である。一定の仮定を持った上で，指標化された情報間の因果関係を検討したり，ビジネスに対する理解から指標化された情報の意味を検討したりするなど，総合的な観点で評価や考察を行うことが重要である。

3.3 財務分析の限界と非財務情報の重要性

　財務情報は貨幣的尺度によって測定されるものであり，財務分析は財務諸表などの情報が分析の中心である。ただし，財務諸表などの情報は既に終わった期間の情報であり，未来を予測する上では，過去の傾向が継続するとは言い切れないことから，必ずしも十分な情報が得られない。

　また，近年では従来のビジネスと比べて，有形資産の相対的な重要性が低下し，代わりに**無形資産の重要性**が高まってきている。ソフトウェア，企業取得時ののれんや販売網価値などの限られた一部の無形資産は貸借対照表に計上されているが，依然として，人的資源，社会的資源，自然資源などの企業を取り巻く多くの無形資産は財務諸表において表現されていない。これらの**非財務情報**に対する企業のスタンスは，企業の経営分析を行う上で本来的には無視できない情報であり，またその重要性も高まっているといえる。

　極端な例ではあるが現時点において，財務分析の指標化された情報が全く同じ2つの企業Aと企業Bがあったとする。企業Aは既に温室効果ガス排出量を大きく減少させるような生産工程上の改善の取り組みが完了済みである一方，企業Bは依然として多くの温室効果ガスを排出するような生産工程を有していたとする。この場合，財務情報のみでは企業Aと企業Bは現時点では同じような企業の状況と評価することになるが，温室効果ガス排出量の規制が強化されると想定される未来を考えた場合には，企業Aの方が有利な状況にあると評価し，考察することとなるだろう。

　企業内部の分析実施主体が経営分析を行う上でも，指標化された情報の達成のみを目指すのではなく，その過程で非財務情報にも留意した判断が求められるということでもある。例えば，非財務指標はバランスト・スコアカードの中で業績評価指標として用いられてきた（詳細は，**第9講**を参照）が，具体的な対象としては顧客満足度や従業員関連指標の非財務情報が多かった。社会的な要請が高まってきている中で，今後は人的資源，社会的資源，自然資源など，従前よりも広い対象が取り扱われる可能性が高まるだろう。

●練習問題●

問1 次の空欄に入る言葉を埋めなさい。

(1) 経営分析を行う上では比較対象を設定することとなる。これには，ある時点で実施した分析結果と異なる時点で実施した分析結果を比較する[①]や，ある時点において同じ産業や同じ業種の他社と比較することや同一企業内における事業部門間で比較する[②]がある。

(2) 財務分析には多くの種類が存在するが，投下した資本に対して稼ぐ力を分析する[③]分析，生産性分析，財務的な健全性を分析する[④]分析，キャッシュ・フローの状況についての分析の4つが代表的な観点である。

問2 興味のある業種を1つ選び，その業種の中から2つ以上の企業について財務分析を実施し，評価しなさい。

【推薦文献】

桜井久勝（2024）『財務諸表分析　第9版』中央経済社。

第4講
意思決定を支援する管理会計

　会社経営や事業運営に携わる人々は，日々さまざまな問題に直面し，判断を迫られている。トップ・マネジメントであれば，全社目標達成に向けて各事業にどのように経営資源を配分するべきか，新規事業案にゴーサインを出すべきかといった問題に対して決断が求められる。事業部長（マネジャー）であれば，新規出店をするべきか，不採算店舗を閉店するべきか，商品はどの業者から仕入れるべきか，などの問題があるだろう。第一線の現場で働く社員であれば，売上向上のためにどのような販促活動を行うか，顧客からの注文にいくらまで値引きするか，などの問題が考えられる。

　このような問題に対して，採りうる代替案を並べて検討し，最善の案を選択することを**意思決定**という。各企業の現状は，過去に行った大小さまざまな意思決定の結果であり，企業の将来の姿は現在の意思決定によって大きく変わりうる。そのため，意思決定を行う人（意思決定者）は，最善の案を慎重に見極めるためにさまざまな関連情報を収集・整理することが必要となるが，その中でも管理会計情報は重要な役割を担うことが多い。

　本講では，意思決定の分類について概観した上で，それぞれの意思決定に用いられる管理会計上の概念や代替案の評価手法について説明する。本講の最後には，意思決定者を支援する管理会計担当者が留意するべき事項について述べる。

4.1 意思決定の種類

　前述の例に示したとおり，意思決定は企業内のさまざまな階層で行われ，その内容は多岐にわたるが，対象とする問題を軸に大きく2つに分類すれば，①業務的意思決定と②戦略的意思決定の2つに分けられる[1]。

(1) 業務的意思決定

　業務的意思決定は**日常的な業務に関わる意思決定**を指す。例えば，部品を自製するか購入するか，新規受注を受けるか否か，製品をそのまま売るか加工して売るか，といった問題が対象となる。こうした日常業務に関する意思決定は現場に委ねられていることが多く，業務的意思決定の主体は現場の責任者（比較的下位のマネジャー）であることが多い。

　業務的意思決定の特徴として，その意思決定の効果が及ぶのは比較的短期間であり，長くても1年間である。また，多くの場合，意思決定者である現場責任者の権限は限られているから，新たな投資は考慮せず，今ある生産能力・販売能力を所与として検討する。したがって，業務的意思決定の主体者は，既存の生産能力・販売能力をもとに，月間または年間といった短期間の期間損益を最大化できるような意思決定を行う。

(2) 戦略的意思決定

　戦略的意思決定は，**企業の経営構造に関わる意思決定**である。例えば，設備や工場に対する投資の判断，新規出店や撤退の判断，事業ごとへの資源配分などがこれに該当する。戦略的意思決定は，会社や事業の戦略に直結した意思決定であるから，その主体者は企業戦略に責任を負うトップ・マネジメントや事業戦略に責任を負う事業部長であることが多い。

　戦略的意思決定は経営構造に関わる意思決定であるから，その意思決定の効果は中長期に及ぶ。また，現状の生産能力・販売能力を所与とせず，これ

---

[1] 業務的意思決定は，戦略的意思決定との対比で「戦術的意思決定」と呼ばれることもある。また戦略的意思決定は，経営構造に影響を及ぼすという意味で「構造的意思決定」と呼ばれることもある。

46　第 4 講　意思決定を支援する管理会計

図表 4.1　2 つの意思決定の違い

	業務的意思決定	戦略的意思決定
対象とする問題	日常的な業務に関わる問題	企業全体や事業全体に関わる問題
主な意思決定者	個別業務の責任者	トップ・マネジメントや事業部長
時間的な影響範囲	短期（長くても 1 年）	中長期（1 年を超える）
検討の前提	既存の生産能力・販売能力を所与とする	既存の生産能力・販売能力を所与としない

を拡張するような投資についても検討の対象となる。したがって，戦略的意思決定の主体者は，1 年を超える投資期間全体を通して，投資対効果を最大化できるような意思決定を行う必要がある。

　ここまでに説明した業務的意思決定と戦略的意思決定の特徴を比較すると，図表 4.1 のように整理することができる。次節からは，それぞれの意思決定に用いる管理会計上の基礎概念と計算方法について説明する。

4.2　業務的意思決定を支援する管理会計

　日常業務を対象とした業務的意思決定において，最善の選択をする上では，管理会計情報，とりわけ原価情報が有用な情報源となる。しかし，財務諸表作成を主目的とする原価計算制度上の原価だけでは，代替案の比較は十分に行えない。なぜならば，原価計算制度が提供する原価情報は「過去の原価」であり，意思決定のために知りたいのは「未来の原価」だからである。そこで，意思決定のために原価情報を追加的に調査する必要がある。**意思決定のための原価**は，原価計算制度上の原価と区別して**特殊原価**と呼ばれ，**特殊原価を計算する活動**のことを**特殊原価調査**という。

　特殊原価調査によって各代替案の原価が判明すれば，これに収益を突合させることで代替案ごとの利益を計算することができる。これにより最善の案

を特定することができるようになるが，ここで用いる計算方法を**差額原価収益分析**という。

本節では，まず業務的意思決定のための原価概念（特殊原価）について解説し，続いて差額原価収益分析の方法について具体例を交えながら説明する。

4.2.1　業務的意思決定のための原価概念

業務的意思決定のための原価概念として，代表的なものには①関連原価，②無関連原価（または埋没原価），③差額原価，④機会原価がある。

(1) 関連原価と無関連原価

将来の経営活動について意思決定するときに，その意思決定に関連性がある，すなわち**意思決定の結果増加または減少する原価を関連原価**と呼ぶ。代替案の優劣を比較するためには，代替案によって変化する関連原価だけを算定して比較すればよい。一方，どの代替案をとっても共通して発生する原価は，意思決定をする際には計算上考慮する必要はない。このように，**どの代替案を選択したとしても発生額が変化しない原価を無関連原価または埋没原価と呼ぶ**[2]。

例えば，給与計算業務について，外部の専門業者に委託すべきかどうかを検討する場合，外部の専門業者に対して支払う業務委託費は，委託しなければ発生しないので関連原価となる。一方，給与計算業務を外部に委託しても，人事部門では働いている正社員をすぐに解雇できるわけではないため，外部委託を選択するかどうかに関わらず正社員の人件費は発生することから，正社員の人件費は無関連原価となる。

(2) 差額原価

代替案ごとの関連原価同士の差額を差額原価と呼び，後段に説明する差額原価収益分析の中心的な原価概念である。なお，現在の状態と代替案を比較した場合，差額が現在よりも増える場合を増分原価，減る場合を減分原価と呼ぶ。

シンプルな数値例で確認しよう。広告宣伝用のポスター印刷を外部業者に

---

[2] 無関連原価と埋没原価を区別して説明されることもあるが，いずれも意思決定と関係しない原価である。

48　第 4 講　意思決定を支援する管理会計

発注する際に，A 社は 70 万円，B 社は 60 万円で請け負ってくれるという。このとき，A 社に係る費用から B 社に係る費用を引くことで，差額原価は 10 万円と求められる。B 社の方が 10 万円安いから，B 社に依頼しよう，となるわけである。

(3) 機会原価

　代替案から 1 つの案を選択すると他の案を選択できない場合，他の案を選択していたら得られたであろう利益を諦めたことになる。ここで，**ある 1 つの代替案を選択して他の代替案を断念したことで失った利益のうち，最も大きな金額**を**機会原価**と呼ぶ。機会原価は，機会損失や機会費用と呼ばれることもある。

　こちらもシンプルな数値例を用いて考えよう。売り出す新商品を 1 つに絞り込む検討をする場面で，商品 A は 70 万円，商品 B は 80 万円，商品 C は 90 万円の利益を生み出すことが予想されているとする。このとき，意思決定者は商品 C を選択するであろうが，商品 A や商品 B を売っていたら得られていた利益は諦めることになる。機会原価は，失った利益のうち「最も大きな金額」であるから，商品 C を選択する場合の機会原価は 80 万円ということになる。

4.2.2　差額原価収益分析

　業務的意思決定では，月間や年間という短期間において，利益を最大化する案が最善の案とみなされる。差額原価収益分析は，代替案同士の差額収益と差額原価から差額利益を求めることで，最善の案を特定する分析である。

　差額原価収益分析を用いた例として，自製か購入かの意思決定[3]，追加加工要否の意思決定，注文受注可否の意思決定などがある。ここでは，注文受注可否の設例を通して，具体的な分析方法を紹介する。

設例4-1

　ある部品工場では，部品 A を月間 500 個製造し，単価 700 円で販売している。今，顧客企業から「今月だけ部品 A を追加で 100 個注文したい。

---

[3] 練習問題の問 1 で取り扱っている。

4.2 業務的意思決定を支援する管理会計　　49

たくさん発注する代わりに，少しまけて追加発注分は単価600円で販売してくれないか」と依頼があった。工場では，これを追加製造するだけの遊休生産能力を持ち合わせているが，この依頼を受けるべきか否か検討している。なお，部品Aの変動製造費[4]は1個当たり400円，固定製造費[5]は50,000円，固定販管費[6]は30,000円である。

　受注する場合に追加で得られる収益（差額収益）は60,000円（= 600円×100個）とすぐにわかるであろう。一方，追加でかかる原価（差額原価）については少し注意が必要であり，120,000円（= 400円×100個＋50,000円＋30,000円）と計算してしまうと誤りである。なぜならば，固定製造費50,000円と固定販管費30,000円は，追加受注を受けるか否かに関わらず発生する原価（無関連原価）だからである。これらの無関連原価は，今回の意思決定で考慮するべきでない。したがって，差額原価は40,000円（= 400円×100個）と求めることができる。差額利益は20,000円（= 60,000円－40,000円）となるから，本件については「受注するべき」という結論が得られる。

　上記の解説は，図表4.2のように整理することができる。本図表では，理解を容易にするために，いずれの代替案にも共通して発生する原価（無関連原価）も含めて記載しているが，関連原価（差額収益，差額原価にあたる部分）

図表4.2　代替案の比較

	A. 受注する場合	B. 受注しない場合	差額（A − B）
売上高	700円 × 500個	700円 × 500個	−
	600円 × 100個	−	60,000円（差額収益）
変動製造費	400円 × 500個	400円 × 500個	−
	400円 × 100個	−	40,000円（差額原価）
固定製造費	50,000円	50,000円	−
固定販管費	30,000円	30,000円	−
利益	**90,000円**	**70,000円**	**20,000円**（差額利益）

[4] 営業量の増加に応じて比例的に発生する製造コスト。変動費については，第5講で詳しく学習する。

[5] 営業量の増減に関わらず発生する製造コスト。固定費については，第5講で詳しく学習する。

[6] 営業量の増減に関わらず発生する販管費。販管費とは，販売費及び一般管理費の略称である。

50　第4講　意思決定を支援する管理会計

を正しく特定できれば，それ以外の部分を記載しなくても正しい結論を導くことができる。

4.3　戦略的意思決定を支援する管理会計

　全社や事業全体の経営構造に関わる事項を対象とした戦略的意思決定は，多額の投資を伴う意思決定であり，その効果が1年超の中長期に及ぶという特徴を持つ。このため，意思決定に用いる概念や計算方法も業務的意思決定とは異なるものとなる。本節では，戦略的意思決定に特有の基礎概念について説明したのち，設備投資の意思決定に用いる代表的な評価手法を説明する。

4.3.1　戦略的意思決定のための基礎概念

　ここでは，①キャッシュ・フロー，②貨幣の時間価値，③資本コストという3つの基礎概念について紹介する。

（1）キャッシュ・フロー

　効果が中長期に及ぶ投資案を検討する際，意思決定者として最も気になるのは「その投資案に資金を投入することでいくら儲かるのか」ということであろう。この質問に答えるには，投資のために必要な現金支出と，その後の数年間で得られるであろう現金収入に着目することが適切である。ここで，現金の収入と支出のことをキャッシュ・フロー（CF）といい，それが収入であればキャッシュ・インフロー，支出であればキャッシュ・アウトフローと呼ぶ。また，その年のキャッシュ・アウトフローとキャッシュ・インフローを相殺して求める純額のことを，ネット・キャッシュ・フロー（NCF）と呼ぶ。

（2）貨幣の時間価値

　100万円を銀行に預けておけば，たとえ0.1％の利率であっても1年後には1,001,000円になる。反対に100万円を銀行から借りる場合，年利が3％であれば，1年後には103万円を銀行に返す必要がある。このように，現在の100万円は，1年後の100万円と同じ価値ではなく，通常の場合，現在の100

万円は1年後の100万円よりも価値が高くなる。このように，貨幣には時間価値がある。

例えば，100万円を年利5％で貸し出した場合，3年後にはいくら獲得することになるのかは，次のように計算できる。

現　在：100万円
1年後：100万円 + 100万円 × 0.05 = 105万円
　　　（前年比＋5万円）
2年後：105万円 + 105万円 × 0.05 = 110.25万円
　　　（前年比＋5.25万円）
3年後：110.25万円 + 110.25万円 × 0.05 ≒ 115.76万円
　　　（前年比＋5.51万円）

このとき，現在の100万円のことを現在価値（現価）と呼び，3年後の115.76万円のことを将来価値（終価）と呼ぶ。2年目以降に発生する利息は，それまでに発生している利息に対しても発生するから，各年の将来価値の増加分は年数が経つほどに大きくなっていく。

こうした考え方を一般化して数式にしてみよう。利率を r，年数を n，現在価値を PV，n 年後の将来価値を FV としたとき，将来価値 FV は以下のように表すことができる。

$$FV = PV \times (1 + r)^n \quad \cdots ①$$

反対に，現在価値 PV を求める場合には，①の式を変形することで，以下のように表すことができる。

$$PV = \frac{FV}{(1 + r)^n} \quad \cdots ②$$

②の式は，将来価値を現在価値に直す計算を行っている。このことを割引計算と呼び，この式内での r は割引率と呼ぶ。戦略的意思決定で貨幣の時間価値を考慮する場合は，投資案により将来獲得するキャッシュ・フローを現在価値に割り引いて評価する必要があり，②の式を多く用いることとなる。

52　第 4 講　意思決定を支援する管理会計

（3）資本コスト

　将来価値を現在価値に割り引く計算式として②の式を示したが，企業の投資判断に際して割引率 r にはどのような値を用いるべきであろうか。これを考えるためには，その企業の資金提供者の存在に目を向ける必要がある。

　企業への資金提供者として，代表的な存在は株主と銀行である。株主は，その企業に出資をすることで，株価上昇や配当金といったリターンを期待している。銀行は，その企業に貸し出しを行うことで，利息というリターンを期待している。企業は事業を行うための元手を調達・維持するために，株主への配当や銀行への利払いといった形でコストを支払っている。このように，**元手となる資金を調達・維持するためのコストのことを資本コスト**と呼び，割引率 r にはこれを用いる。

　資本コストは，資金提供者に応じて 2 つに区分して，株主に対して発生する**株主資本コスト**と，銀行からの借入を主とした負債にかかる**負債コスト**に分けられ，それぞれ個別に算定することができる[7]。しかし，企業は両者からの資本を併せて用いている場合が多い。この場合，企業全体の資本コストを算定するには，株主資本コストと負債コストの両者をその**利用比率**に応じて**加重平均**するべきである。こうした考え方のもと算定する資本コストを**加重平均資本コスト**（Weighted Average Cost of Capital：WACC）と呼ぶ。以下では，加重平均資本コストの計算方法について，簡単な設例をもとに確認しよう。

設例4-2

　負債と株主資本それぞれの構成割合および個別の資本コストは以下の資料のとおりである。このとき加重平均資本コストはいくらになるか。なお法人税率は 40％ とする。

（資料）

	構成割合	個別の資本コスト
負債	40%	2%（税引前）
株主資本	60%	10%

---

[7] 負債コストは，支払利息を期中平均負債額で割ることによって求めることができる。株主資本コストの推定方法はいくつか存在するが，実務で最も用いられているのは CAPM（Capital Asset Pricing Model：資本資産評価モデル）である。

負債と株主資本それぞれの資本コストを，構成割合[8]をもとに加重平均するというのが基本的な考え方となる。ただし，負債コストについては，これを費用として支払うことにより節税効果が発生することに留意する。節税効果を加味すれば，税引後の資本コストは1.2％（＝2％×(1−0.4)）となる。この点を踏まえ，加重平均資本コストは以下の式で求めることができる。

$$0.4 \times 2\% \times (1 - 0.4) + 0.6 \times 10\% = 6.48\%$$

資本コストは，割引率としての機能以外にも，**投資のハードル・レート**という機能を併せ持つ。例えば，資本コストが8％であるとき，内部収益率（詳細は後述）が7％である投資案は採択するべきではない。その投資案では，資金提供者たちが求めるリターンを賄いきれないからである。こうした議論を前提とすれば，投資案の判断軸として「1円でも儲かればよい」という考え方が適切でないことがよくわかる。

かつての日本企業は，欧米諸国の企業と比べると，資本コストに対する意識が低いといわれてきた。これには，日本企業の資金調達が銀行からの借入を中心としており，株主の存在感が希薄であったことが影響していた。時代は変わり，企業の資金調達方法が株式発行による資金調達（直接金融方式）へとシフトしつつある現在では，株主の存在感は増している。そのため，資本コストの重要性は一層増しており，戦略的意思決定にもこれを考慮した判断が求められるようになっている。

4.3.2　設備投資案の評価手法

設備投資の意思決定は，トップ・マネジメントや事業部長が行う戦略的意思決定の一つである。設備投資案の経済性を評価する手法には，代表的なものとして①回収期間法，②投資利益率法，③正味現在価値法，④内部収益率法がある。①と②は通常，貨幣の時間価値を考慮しない評価手法であり，③と④は考慮する評価手法である。

---

[8] 加重平均資本コストを算出する際，負債と株主資本の構成割合は簿価ではなく時価をもとに算出することが一般的である。

54 第4講 意思決定を支援する管理会計

（1）回収期間法

回収期間法は，投資額を回収するまでの期間（回収期間）により，**安全性の観点**から投資案を評価する手法である。回収期間は，投資する設備により獲得できる各年のキャッシュ・フローを，投資額を回収しきるまで投資額から減額していくことにより求める。特に，毎年獲得できるキャッシュ・フローが一定である場合には，以下の方法で計算することが可能である。

$$回収期間（年）＝\frac{投資額}{毎年のキャッシュ・フロー}$$

この方法では，回収期間が短い案の方が早く投資額を回収できるので，安全性が高く有利であると判断する。シンプルでわかりやすい計算方法であるため，実務でも頻繁に利用される。一方，貨幣の時間価値が考慮されていない点[9]や，回収期間後の収益性が無視される点には留意が必要である。

設例4-3

ある工場では，設備Aと設備Bのどちらを導入しようか検討中である。それぞれの設備投資に関する情報は以下の資料のとおりである。

（資料）

	設備A	設備B
必要な投資額	1,000千円	1,200千円
毎期獲得できるキャッシュ・フロー	200千円	300千円
耐用年数[10]	8年	6年

それぞれの回収期間はいくらか，また回収期間法に基づき判断する場合，どちらの設備を導入するべきか。

---

[9] 貨幣の時間価値を考慮した回収期間法として，割引回収期間法や割増回収期間法が存在する。これらの評価手法に関する詳細は，上總（2003）を参照されたい。

[10] 本講では，投資した設備の使用期間を指す。

4.3 戦略的意思決定を支援する管理会計　55

> 設備 A の回収期間 = 1,000 千円 ÷ 200 千円 = 5 年
>
> 設備 B の回収期間 = 1,200 千円 ÷ 300 千円 = 4 年

　したがって，設備 B の回収期間の方が短いため，設備 B を導入するべきである。

(2) 投資利益率法

　投資利益率法は，投資の収益性を測る指標である**投資利益率**（Return on Investment：ROI[11]）により，**収益性の観点**から投資案を評価する方法である。投資利益率は，平均的なキャッシュ・フローを投資額で割ることにより計算するものであり，より具体的に式で表すと以下のとおりである。

$$投資利益率 = \frac{（キャッシュ・フローの合計額 - 投資額）/耐用年数}{投資額}$$

　この方法では，率が大きい方が有利だと判断される。こちらもシンプルでわかりやすい計算方法であるために頻繁に利用されるが，回収期間法と同様に，貨幣の時間価値は考慮されていない点に留意が必要である。

　先の設例を用いて，それぞれの投資利益率はいくらか，また投資利益率法に基づき判断する場合，どちらの設備を導入するべきか考えてみよう。

$$設備 A の投資利益率 = \frac{（200 千円 × 8 年 - 1,000 千円）/8 年}{1,000 千円}$$

$$= \frac{75 千円}{1,000 千円} = 7.5\%$$

$$設備 B の投資利益率 = \frac{（300 千円 × 6 年 - 1,200 千円）/6 年}{1,200 千円}$$

$$= \frac{100 千円}{1,200 千円} ≒ 8.3\%$$

　したがって，設備 B の投資利益率の方が大きいため，設備 B を導入するべ

---

[11] 第 8 講の ROI とは算定式が異なる。投資家の収益性評価目的では会計上の利益ではなく，キャッシュフローを用いることが適切である（4.3.1 の(1)参照）。

56 第4講 意思決定を支援する管理会計

きである。

(3) 正味現在価値法

正味現在価値法は，貨幣の時間価値を考慮して算出する投資案の**正味現在価値**（Net Present Value：NPV）に基づき，収益性の観点から投資案を評価する手法である。正味現在価値は，投資によって獲得できるキャッシュ・フローの現在価値の合計額から，投資額を控除することにより求める。

$$\text{正味現在価値} = \text{キャッシュ・フローの現在価値合計額} - \text{投資額}$$
$$= \left(\frac{1\,\text{年度CF}}{(1+r)^1} + \frac{2\,\text{年度CF}}{(1+r)^2} + \cdots \frac{\text{最終}N\,\text{年度CF}}{(1+r)^N} \right)$$
$$- \text{投資額}$$

4.3.1 で説明したとおり，上記式内の割引率 r には資本コストを用いることとなる。正味現在価値は，0 を上回っていれば経済合理性があると判断する。また，複数の代替案があるときには，正味現在価値が大きい投資案が有利であると判断する。

設例4-4

ある工場では，設備 C と設備 D のどちらを導入しようか検討中である。いずれの設備も耐用年数 3 年であり，それぞれを導入することに伴い発生するキャッシュ・フローは以下の資料のとおりであり，各年のキャッシュ・フローは毎期末に一括で発生する。また，資本コストは 8％とする。

（資料）

	初期投資	1年度	2年度	3年度
設備 C の キャッシュ・フロー	△1,000	400	400	400
設備 D の キャッシュ・フロー	△1,000	500	400	300

それぞれの正味現在価値はいくらか，また正味現在価値法に基づき判断する場合，どちらの設備を導入するべきか。

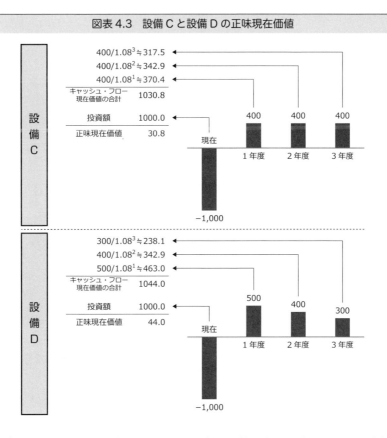

図表 4.3 設備 C と設備 D の正味現在価値

各設備の正味現在価値は**図表 4.3** のように計算でき，設備 C の正味現在価値は 30.8 千円，設備 D の正味現在価値は 44.0 千円となる。いずれも正味現在価値が 0 を上回り，経済合理性のある投資であるといえるが，どちらか一方を選ぶ場合であれば，正味現在価値がより大きい設備 D を選択することとなる。

本設例において，それぞれの将来獲得するキャッシュ・フローの割引前合計はいずれも 1,200 千円であった。しかし，正味現在価値法を用いると，1 年度にキャッシュ・インフローが多く発生し，最終の 3 年度にキャッシュ・フローが少ない投資案である設備 D の方が，正味現在価値が高いと判定された。このように，貨幣の時間価値を考慮する正味現在価値法においては，同

58　第4講　意思決定を支援する管理会計

額のキャッシュ・フローでも，より近い将来にキャッシュ・フローが多く発生する投資案の方を高く評価することになる。

（4）内部収益率法 [12]

　内部収益率法は，貨幣の時間価値を考慮して算出する投資案の**内部収益率**（Internal Rate of Return；IRR）に基づき，収益性の観点から投資案を評価する手法である。内部収益率は，投資により獲得するキャッシュ・フローの現在価値合計と投資額が等しくなるような割引率のことをいう。数式で表せば，以下の等式を満たす r が内部収益率となる。

$$\frac{1\,年度\,CF}{(1 + r)^1} + \frac{2\,年度\,CF}{(1 + r)^2} + \cdots \frac{最終\,N\,年度\,CF}{(1 + r)^N} = 投資額$$

　内部収益率は，投資のハードル・レートである資本コストと比べ，資本コストよりも大きい値であれば，経済合理的であると判断する。また，複数の代替案があるときには，内部収益率が大きい投資案が有利であると判断する。

　先の設例を用いて，それぞれの内部収益率はいくらか，また内部収益率法に基づき判断する場合，どちらの設備を導入するべきか考えてみよう。

　まず設備Cを検討しよう。設備Cの内部収益率 r_C は，以下の式を満たす。

$$\frac{400}{(1 + r_C)^1} + \frac{400}{(1 + r_C)^2} + \frac{400}{(1 + r_C)^3} = 1{,}000$$

　この式は，r_C に関する3次方程式であるから，これを関数電卓や表計算ソフトで解くと $r_C \fallingdotseq 0.097$（9.7％）と求めることができる [13]。

　同様に，設備Dの内部収益率 r_D は，以下の式を満たす。

$$\frac{500}{(1 + r_D)^1} + \frac{400}{(1 + r_D)^2} + \frac{300}{(1 + r_D)^3} = 1{,}000$$

　この式を解くと $r_D \fallingdotseq 0.107$（10.7％）と求めることができる。

---

[12] 内部利益率法と呼ばれることもある。

[13] 表計算ソフト Excel では，IRR 関数を用いることで内部収益率を容易に計算することができる。

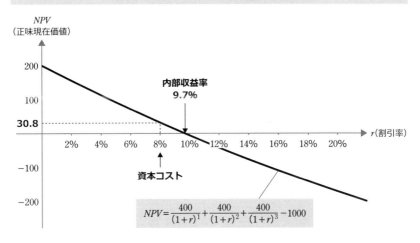

図表4.4 割引率と正味現在価値の関係性

今,資本コストは8％であるから,いずれの投資案も資本コストを上回っており経済合理性のある投資であるといえるが,どちらか一方を選ぶ場合であれば,内部収益率がより高い設備Dを選択することとなる。

ここで,正味現在価値と内部収益率の関係性について確認しておこう。内部収益率は,投資により獲得するキャッシュ・フローの現在価値合計と投資額と等しくなるような割引率であるから,見方を少し変えれば,投資案の正味現在価値が0となるような割引率ともいえる。**図表4.4**は横軸を割引率(r),縦軸を正味現在価値(NPV)として,設備Cの正味現在価値を関数で表したものである。正味現在価値は,割引率が大きくなるにつれて,右肩下がりに推移しており,正味現在価値が0となる割引率は,内部収益率として算出した9.7％の点と一致していることがわかる。

また,**図表4.4**では,「設備Cへの投資は経済合理的であるか」という問いに対して,正味現在価値法と内部収益率法で同じ評価結果を得るということも視覚的に確認できる。本設例の資本コスト8％という前提のもとでは,正味現在価値はプラス,内部収益率は資本コストを上回る結果となり,いずれの評価手法でも経済合理的な投資と判断された。仮に資本コストを12％とすれば,図表からわかるとおり正味現在価値はマイナス,内部収益率は資本

コストを下回るとなり，いずれの評価手法でも棄却される。

このように，正味現在価値法と内部収益率法は，独立投資案に対しては基本的に同じ結果を得る評価手法である[14]。ただし例外として，将来キャッシュ・フローに正と負が混在する場合，正味現在価値のカーブは**図表4.4**のように右肩下がりとはならず，正味現在価値法と内部収益率法で同じ結論とならないことがある。そのようなケースでは，内部収益率法による判断では理論的に誤った判断をすることとなり，使用は適切ではない。このほかにも内部収益率法には，正味現在価値法と比べた際のいくつかの問題点があり，理論的には正味現在価値法の方が優れているとされる[15]。

4.4 管理会計担当者が留意するべき事項

最後に，意思決定者を支援する管理会計担当者が，意思決定の判断材料として管理会計情報を作成・利用する際に留意するべき事項を3つ述べたい。

1つ目に，**選択する評価手法によって，得られる結論は変わりうる**ということである。例えば，回収期間法では投資案Aが有利だが，正味現在価値法では投資案Bが有利である，といった状況は往々にして存在する。こうした場面では，どの評価手法を採用するかが結論を大きく左右する。評価手法を選定する際には，検討目的との整合性，投資期間の長さや金額の重要性，意思決定者にとってのわかりやすさなど，さまざまな観点を考慮する必要がある。また，適切な評価手法を選ぶ前提として，それぞれの評価手法での計算方法だけでなく，それぞれの特徴や長短についても十分に理解しておくことが必要である。

---

[14] 独立投資案とは，他の投資案とは相互に無関係な投資案を指し，例えば先述の「設備Cへの投資は経済合理的であるか（＝導入するべきか）」はこれに該当する。一方，設例で取り上げた「設備Cと設備Dのどちらを導入するべきか」のように，どちらかを採用すればどちらかを棄却することになる投資案は相互排他的投資案と呼ばれる。この場合は，正味現在価値法と内部収益率法で同じ結果を得るとは限らない点に注意が必要である。

[15] 内部収益率法の問題点については，櫻井（2019）や小林ほか（2017）を参照されたい。

2つ目に，1つの評価手法であっても，**用いる前提が異なれば得られる結論も変わりうる**ということである。その最たる例は，資本コストであろう。例えば，ある投資案について正味現在価値法を用いて評価するとき，資本コストを8％とすれば採択されるが，10％とすれば採択されない，といったことが起こりうる。本講では，加重平均資本コストの計算方法について，負債コストと株主資本コストの値が算出されていることを前提に解説した。しかし実際には，企業の株主資本コストについて正確な値を特定することは極めて困難であり，どのような計算手法を用いても推定の域を出ないのが実情である。資本コストがこうした不確かなものであることを前提とすれば，自社の資本コストの水準について社内で十分な合意がないまま正味現在価値法を用いた分析を行っても，その分析結果に納得感は得にくいであろう。管理会計担当者は，資本コストをはじめとする重要な前提条件については，社内で十分な議論を行い，合意を得た上で用いる必要がある。

3つ目に，**管理会計情報は一つの判断材料に過ぎない**ということである。管理会計情報は重要な判断材料であるが，そのほかの定性情報や意思決定者の方針によって選択する案が異なることは十分にありうる。例えば，差額原価収益分析の設例では，追加注文を受けるか否かという問題に対して，受注すべきという管理会計的見地からの解を得た。しかし，追加の受注を受ける暇があれば試作品の開発に時間を充てたいとか，特別に安い単価で受注してしまうと値下げ要請のきっかけになりかねないといった理由があれば，当月に多少の機会損失を被っても，受注を断るという結論に至ることも十分にありうる。管理会計担当者としては，計算上の合理性に固執しすぎずに，意思決定者による総合的なビジネスジャッジを受け入れる柔軟性を持つこともまた重要であろう。

●練習問題●

問1 ある工場では，新製品に用いる部品Sについて，自製するか購入するかを検討している。部品Sに関する原価情報は，以下の資料のとおりである。

62　第4講　意思決定を支援する管理会計

（資料）

① 部品Sを自製する場合の1個当たりの製造原価は以下のとおりである。

直接材料費	3,000円
直接労務費	6,000円
変動製造間接費	4,000円
固定製造間接費	5,000円
合計	18,000円

② 部品Sを自製する場合には，新たに材料を保管するための倉庫料として年間500,000円の支出が見込まれる。

③ 部品Sを購入する場合の1個当たりの購入単価は15,000円である。

(1) 部品Sが年間100個必要となる場合，自製と購入どちらが有利であるか。

(2) 部品Sが年間300個必要となる場合，自製と購入どちらが有利であるか。

(3) 自製が有利となるのは，部品Sが年間何個以上必要となる場合であるか。

問2　ある工場では，設備 α と設備 β のどちらを導入しようか検討中である。各設備も耐用年数と，導入により発生するキャッシュ・フローは以下の資料のとおりであり，各年のキャッシュ・フローは毎期末に一括で発生する。なお資本コストは6%である。

（資料）

	耐用年数	キャッシュ・フロー（単位：千円）					
		初期投資	1年度	2年度	3年度	4年度	5年度
設備 α	5年	△1,200	300	300	300	300	300
設備 β	3年	△1,350	500	500	500		

(1) 各投資案の回収期間は何年か。また，回収期間法を用いる場合，どちらの投資案を採択することとなるか。

(2) 各投資案の投資利益率はいくらか。また，投資利益率法を用いる場合，どちらの投資案を採択することとなるか。

(3) 各投資案の正味現在価値はいくらか。また，正味現在価値法を用いる場合，どちらの投資案を採択することとなるか。

(4) 各投資案の内部収益率はいくらか。また，内部収益率法を用いる場合，どちらの投資案を採択することとなるか。

問3　管理会計担当者が，意思決定の判断材料として管理会計情報を作成・利用する際に留意するべき事項について，あなたの考えを述べなさい。

【推薦文献】

日本証券アナリスト協会編（2020）『企業価値向上のための資本コスト経営——投資家との建設的対話のケーススタディ』日本経済新聞出版。

松田千恵子（2016）『コーポレート・ファイナンス実務の教科書』日本実業出版社。

宮川公男（2010）『新版　意思決定論——基礎とアプローチ』中央経済社。

第5講
短期利益計画とCVP分析

企業が持続的な経営を行っていくためには，企業が長期に達成すべき目標を設定した上で，それを実現していくための道筋となる経営戦略を適切に設定することが重要である。さらに，経営戦略を実行するためには，取り組むべき課題を洗い出すとともに，課題をクリアしていくための計画を立て，その計画にしたがって実行していく必要がある。

5.1 短期利益計画

5.1.1 計画の種類

第2講に示したように，企業において立てられる計画は，概念的には次のように分類される。まず，計画をその対象に応じて分類すると，一定期間における企業活動全体を調整して作られる総合的な計画である期間計画と，個別の案件（プロジェクト）を対象として案件ごとに作られる計画である個別計画（プロジェクト計画）に分けられる。次に，計画をその期間の長さに応じて分類すると，企業の事業構造などの改革などを含み，期間としても5年を超えるような長期計画と，3年から5年を対象とする中期計画，そして現状の企業の事業構造を前提とした期間も1年以内となる短期計画に分けられる。

中期目標の達成のために策定される中期計画では3～5年程度における総合的な計画を立てられることが多い。中期計画は企業活動の方向性や大枠を

示すものである。そのため，これらを実行可能なレベルにまで詳細化していく必要がある。その指針として策定されるものが年度ごとの短期計画である。短期計画のうち，年度ごとの利益計画は**短期利益計画**と呼ばれる。短期利益計画では，目標となる利益が設定され，利益目標を達成するためにはどの程度の製品・サービスの生産や販売が必要になるかといったことが計画される。この利益計画を指針として**第7講**で取り上げる予算編成が行われることになる。このように，各計画は独立して個別に策定されるわけではなく，それらを有機的に結びつけることによってはじめて中長期目標や経営戦略の実現につながる。

5.1.2 短期利益計画の策定

　短期利益計画の策定に際しては，まず目標となる利益を利益額もしくは利益率として設定する必要がある。その設定方法には集権的な設定と分権的な設定の2通りの方法がある。集権的な設定は，主に機能別（職能別）組織で採用される。機能別（職能別）組織は，1つの事業を展開するような組織において採用される組織形態であり，職能を超えた調整がトップに委ねられるという特徴がある。利益計画の策定には，部門を超えた調整が必要になる。そこで，職能部門の現状や見通しなどのヒヤリングも踏まえつつ，本社が主導する形で中期計画をベースとして利益目標が設定される。

　他方，分権的な設定は，主に事業部制組織で採用される。事業部制組織は，複数の事業を展開するような組織で採用される組織形態であり，事業運営に関する権限が委譲されているという特徴がある。利益計画の策定には，各事業の現状や見通しに関する適切な理解が必要となる。そこで，本社において検討された中期計画をベースとした利益目標と，事業の現状や見通しを踏まえて事業部門において検討された目標利益について，それらを擦り合わせながら利益目標が設定される。

　次に，利益目標が設定されたことを受けて，目標の達成に向けた利益計画が策定される。具体的には，販売価格をどの程度に設定するのか，販売量はどの程度の量が見込めるのか，コストはどの程度にすべきなのか，といったことを検討することによって利益目標の達成に必要な条件が検討される。

5.2 CVP分析

5.2.1 CVP分析の基本的考え方

　利益計画の策定では，コスト（cost）−営業量（volume）−利益（profit）の関係が検討される。このときに行われる分析のことをCVP分析という。CVP分析の基本的な考え方は損益分岐図表（**図表5.1**）に集約されている。損益分岐図表は，横軸に営業量（生産量，作業時間等を含む概念であるが，ここでは販売量を意味している），縦軸に収益・費用がとられる。この図表は，営業量が増加するにつれて売上高とコストが増加していくことを示している。図表内の矢印で示したように，売上高がコストを下回っていれば損失，売上高がコストを上回っていれば利益が出ることがわかる。また，売上高とコストが交わる点，すなわち**売上高とコストが等しくなり利益・損失ともに発生しない点**のことを特に**損益分岐点**と呼ぶ。

　ここで注目すべき点はコストの発生である。図表5.1に示したコストの直線を見ると，営業量がゼロであったとしてもコストが発生しており，そこか

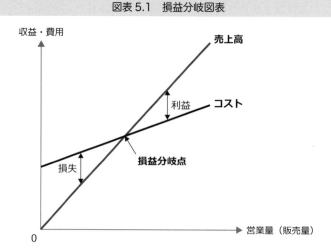

図表5.1　損益分岐図表

らは営業量が増加するにつれて比例的にコストが増加している。この営業量がゼロであったとしても発生するコストのことを**固定費**という。固定費の特徴は，営業量の増減に関わらず一定額発生する点にある。それに対して，営業量の増加に応じて比例的に発生するコストのことを**変動費**と呼ぶ。例えば，飲食店であれば，店舗の賃借料は営業日数の多寡に関わらず同額を支払う必要がある固定費であるのに対して，材料費は営業日数が増えれば概ね比例的に増加していくため変動費に分類される。

ただし，ここで注意すべき点は，必ずしもコストは明確に変動費と固定費に分類できるとは限らない点である。例えば，電気・ガス・水道料は基本料金に従量分の金額を加算した形で計算されており，変動費，固定費のいずれかに分類することは困難である。

ここまでの議論を踏まえると次のように利益を計算することができる。売上高から変動費を差し引くと**貢献利益**が計算され，そこからさらに固定費を差し引くことによって**営業利益**が計算される。貢献利益とは，営業量（販売量）に対して比例的に発生する利益を表している。この損益計算をもとにしてコスト，営業量，利益の関係を分析するのが CVP 分析である。

5.2.2 損益分岐点

CVP 分析の考え方を用いて，損益分岐点を計算してみよう。損益分岐点とは，営業利益がゼロになるような状況であり，次の式で表される。

売上高 − 変動費 − 固定費 ＝ 0

売上高および変動費はそれぞれ次のように表すことができる。

売上高 ＝ 販売単価 × 販売数量
変動費 ＝ 単位当たり変動費 × 販売数量

これらを損益分岐点を表す式に代入すると次の式となる。

販売単価 × 販売数量 − 単位当たり変動費 × 販売数量 − 固定費 ＝ 0

この式をもとに販売数量（損益分岐点の販売数量）を求めると次のようになる。

$$販売数量 = \frac{固定費}{販売単価 - 単位当たり変動費}$$

　この式が意味していることを**図表5.1**でも確認しておこう。営業量がゼロのとき，営業損失は固定費の金額と等しくなり，営業量が増加するにつれて営業損失が減少していくことがわかる。売上高の傾きがコストの傾きよりも大きいからである。この傾きの差が表しているのは，販売単価と単位当たり変動費の差である単位当たり貢献利益である。単位当たり貢献利益によって固定費の回収ができたときが損益分岐点となり，損益分岐点を超えると営業利益が増加していくことになる。なお，単位当たり変動費が販売単価よりも高い場合には損益分岐点に達することが不可能なため，基本的には販売単価が単位当たり変動費よりも高い必要がある。

5.2.3　安全余裕率

　短期利益計画において損益分岐点を把握することはどのような意味を持つのであろうか。短期利益計画の立案に際しては，過年度の実績や組織内部・外部の状況を踏まえた販売量（売上高と読み替えてもよい）の予測が行われる。そのとき，予想される販売量と損益分岐点の販売量ができる限り離れていることが望ましい。環境変化によって販売量が下振れしたとしても損益分岐点販売量よりも大きい状況を維持しやすくなるからである。この**予想販売量と損益分岐点販売量がどの程度離れているかを示す指標が安全余裕率**である。安全余裕率は次のように求められる。

$$安全余裕率 = \frac{予想販売量 - 損益分岐点販売量}{予想販売量}$$

　例えば，安全余裕率が30％と計算される場合，販売量が予想よりも30％減少すると損益分岐点になる。言い換えれば，予想に対する販売量の減少が30％未満であれば営業利益は確保でき，30％を超えると営業損失が出ることを意味している。したがって，安全余裕率は高い方が望ましいといえる。

　では，どうすれば安全余裕率を高くすることができるのであろうか。予想

される販売量を一定とすれば、固定費をできるだけ少ない営業量で回収することができれば安全余裕率は高くなる。そのためにできることは2つある。一つは固定費の削減である。損益分岐点を求める式を見るとわかるように、固定費を削減することができれば、単位あたり貢献利益（限界利益）が変わらないとしても販売数量は少なくて済む。

　もう一つは、単位当たり貢献利益（限界利益）の向上である。販売単価と単位当たり変動費の上げ方・下げ方の組み合わせによって単位当たり貢献利

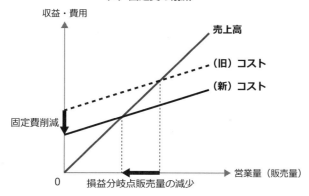

図表5.2　損益分岐点の移動と安全余裕率

（1）固定費の削減

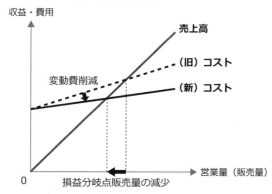

（2）変動費の削減

益（限界利益）は変動する。ここでは単純化のために企業努力によるコントロールの余地を見出せる単位当たり変動費の引き下げについて考えてみよう。単位当たり変動費を削減することができれば，販売単価が変わらないとしても単位当たり貢献利益は増加するため，固定費が変わらなければ販売数量は少なくて済む。

　これらのことを損益分岐図表でも確認しておこう（**図表5.2**）。固定費を削減した場合には，コストが下方向に移動するので，損益分岐点が左下へと移動しており，必要となる販売数量が減少している。また，変動費を削減した場合には，コストの傾きが緩やかになるので，損益分岐点が左下へと移動しており，必要となる販売数量が減少している。

5.3　利益目標達成のための分析

　利益計画に際しては，損益分岐点に関する情報を把握するだけではなく，利益目標の達成に必要な営業量に関する情報も入手しておく必要がある。固定費の回収を終えると追加の販売によって営業利益が増加することを確認した。利益目標を達成するということは，営業利益が利益目標に等しくなるような状況であり，次の式で表される。

> 売上高 − 変動費 − 固定費 ＝ 利益目標

この式は損益分岐点分析のように次のとおり書き換えることができる。

> 販売単価 × 販売数量 − 単位当たり変動費 × 販売数量 − 固定費
> ＝ 利益目標

したがって，この式から販売数量を求めると次のようになる。

$$販売数量 = \frac{固定費 + 利益目標}{販売単価 − 単位当たり変動費}$$

以上の内容について設例を用いて確認をしておこう。

設例 5-1

　当社では，仕出し弁当の製造・販売を行っており，販売単価は 2,000 円に設定している。過去の実績からコスト構造の分析を行ったところ，単位当たり変動費に相当する金額は 500 円，固定費に相当する金額は 1,500,000 円（月額）であった。

問 1　損益分岐点における販売数量はいくつか。

$$販売数量 = \frac{1,500,000\ 円}{2,000\ 円 - 500\ 円} = 1,000\ 個$$

問 2　予想される売上高が 2,500,000 円のとき，安全余裕率はいくつか。

$$予想販売量 = 2,500,000\ 円 \div 2,000\ 円 = 1,250\ 個$$

$$安全余裕率 = \frac{1,250\ 個 - 1,000\ 個}{1,250\ 個} = 20\%$$

問 3　目標となる営業利益を 750,000 円とするとき，利益目標の達成に必要となる販売数量はいくつか。

$$販売数量 = \frac{1,500,000\ 円 + 750,000\ 円}{2,000\ 円 - 500\ 円} = 1,500\ 個$$

5.4　固定費と経営レバレッジ

　ここまで見てきたように，固定費の大きさは損益分岐点に影響を与えてい

72　第5講　短期利益計画とCVP分析

図表5.3　経営レバレッジ

	A 社			B 社		
	予想（円）	実績（円）	変化率	予想（円）	実績（円）	変化率
売 上 高	2,500,000	2,000,000	△20%	2,500,000	2,000,000	△20%
変 動 費	500,000	400,000	△20%	1,000,000	800,000	△20%
貢献利益	2,000,000	1,600,000	△20%	1,500,000	1,200,000	△20%
固 定 費	1,500,000	1,500,000		1,000,000	1,000,000	
営業利益	500,000	100,000	△80%	500,000	200,000	△60%

る。固定費の大きさは営業利益に対してどのような影響を及ぼすのであろう
か。次の数値例をもとに考えてみよう（**図表5.3**）。

　A社とB社の予想を見比べてみると，売上高と営業利益は同じ金額になっ
ているが，変動費と固定費の金額は異なっている。A社，B社ともに売上実
績が予想よりも20％減少したとしよう。このとき売上高とそれに比例的に発
生する変動費はともに20％減少しており，その差額である貢献利益も20％
減少している。固定費については売上が減少したとしても変わらない。その
結果，計算された営業利益を見ると，A社は500,000円の予想から80％減の
100,000円に，B社は500,000円の予想から60％減の200,000円へと減少し
ている。

　計算結果からわかるように，A社とB社では同じ率で売上が減少したにも
かかわらず，営業利益の落ち幅が異なっている。この違いを生み出している
原因が固定費の大きさである。A社とB社の総費用に占める固定費の割合は
A社が大きい。固定費は売上が変化しても発生額が変わらないため，固定費
の割合が大きい企業の場合，売上が変化したときに営業利益・損失が大きく
変化してしまう。このことを**経営レバレッジ**という。

　経営レバレッジの大きさは，次の式で計算される**経営レバレッジ係数**によ
って表すことができる。

$$経営レバレッジ係数 = \frac{営業利益の変化率}{売上高の変化率} = \frac{貢献利益}{営業利益}$$

この式に当てはめるとA社の経営レバレッジ係数は4，B社の経営レバレ

ッジ係数は3と計算される。この値は，売上高の変化がどの程度増幅されて営業利益に影響を与えるのかを示している。例えば，売上高が20％変化すると，A社の営業利益は80％（20％×4）変化することになり，予測が外れたときのリスクの大きさを表しているといえる。

5.5　多品種製品・サービスのCVP分析

　ここまでは，単一の製品・サービスの販売を想定してCVP分析を行ってきた。しかし，実際の企業では，いくつかの種類の製品・サービスの販売を行っている。また，通常は各製品・サービスの販売単価やコストは異なっている。そのような場合においても，次のような仮定を置くことでCVP分析を実施することが可能である。それは，製品・サービスの販売数量の構成割合は一定とするという仮定である。この製品・サービスの販売数量の構成割合のことをセールスミックスという。設例を用いてCVP分析を行ってみよう。

設例5-2

　当社では，ケーキとコーヒーを提供するカフェを経営している。カフェの経営に関する資料は次のとおりであった。これまでの売上データから，セールスミックスはケーキが2，コーヒーが3の割合になっている。カフェの運営にかかる固定費は1,800,000円（月額）と見積もられた。このとき，各商品の損益分岐点の販売量はいくらか。

　　　（資料）

	ケーキ（円）	コーヒー（円）
販売単価	750	450
単位当たり変動費	450	150

　セールスミックスを一定とすると，ケーキ2個，コーヒー3杯の組み合わせが最小の販売セットとなる。この販売セットを1単位として，固定費を回収するのに何セット販売すればよいのかを考える。損益分岐点を求めるため

74 第5講 短期利益計画とCVP分析

には，販売セットの販売単価と単位当たり変動費の情報が必要である。それぞれ次のように計算される。

> 販売単価
>   750円×2個 + 450円×3杯 = 2,850円
> 1セット当たり変動費
>   450円×2個 + 150円×3杯 = 1,350円

これらの情報をもとに損益分岐点を求める式に当てはめることによって必要な販売セット数が計算できる。

$$販売セット数 = \frac{1,800,000円}{2,850円 - 1,350円} = 1,200セット$$

したがって，販売セット1単位にはケーキ2個，コーヒー3杯が含まれているので，各商品の損益分岐点の販売数量を計算すると次のようになる。

> ケーキ
>   2個×1,200セット = 2,400個
> コーヒー
>   3杯×1,200セット = 3,600杯

このように，多品種の製品・サービスを販売する場合であっても，セールスミックスを一定とするという仮定を置くことによって，損益分岐点の販売数量を求められる。なお，利益目標の達成に必要な販売数量を分析したい場合であっても考え方は同様である。

●練習問題●

問1　当社では特殊バネの製造・販売を行っている。自社のコスト構造を把握するために入手可能な過去半年分のデータをもとに変動費と固定費の推定を行った。分析の結果，単位当たり変動費は1,500円，固定費（月額）は2,500,000円と計算された。販売単価が2,000円であることを踏まえてCVP分析を行う。

（資料）過去半年分の生産量・コストに関する情報

生産量（個）	コスト（円）
1,000	4,000,000
1,200	3,800,000
6,000	12,000,000
8,000	14,500,000
4,000	7,200,000
5,000	8,300,000

(1) 損益分岐点における販売量はいくつか。

(2) これまでの販売動向から来月の販売数量は 6,250 個と予想された。このとき，安全余裕率はいくつか。

(3) 特殊バネの販売により 800,000 円の営業利益を確保したいとき，必要となる販売量はいくつか。

問2 損益分岐点を引き下げるためには，固定費を削減する必要がある。多くの企業において固定費削減を進めるためのさまざまな工夫が行われている。どのような工夫によって固定費を引き下げ，損益分岐点の引き下げを図っているのかを調べなさい。

【推薦文献】

千住鎮雄（1986）『やさしい経済性工学のはなし──損得計算のめやす』日本能率協会。

第6講

組織とレスポンシビリティ・センター

　管理会計の活用のためには，組織を構成するメンバーの権限と責任がどのように割り振られているのかが強く関係する。この講では，組織における権限と責任により，組織の中の部門がどのように特徴づけられるのかを学習する。

6.1　組織構造

　複数以上の人々で構成される組織は，経営情報を活用して組織目的を果たすべく，組織目標に向かって活動を行っていくことになる。組織を構成する人数が少ない場合には，その組織（集団）の長（リーダー）のリーダーシップによって，臨機応変に対応することで目標を達成することも可能である。しかし，構成人数が多くなるにつれ，リーダー1人では全員の活動を把握することができない。組織目標がはっきりし組織を構成する人々（組織メンバー）がそれを共有していれば，組織メンバー自身が判断し，その場に応じた活動をすることによって組織目標の達成が可能になるかもしれない。しかし，組織の人数が多くなっていくにつれ，必ずしも組織目標をすべての組織メンバーが同じように理解に及ぶとは限らず，自分が組織のためになすべき行動も明確とはならない。

　こうした問題を解決する一つの方法は，組織目標を達成するために組織の

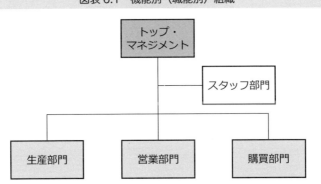

図表6.1 機能別（職能別）組織

仕事を分けることである。組織メンバーの担当を決めてその範囲内で活動を行うようにすることで組織全体の目標が達成できる。

　組織の仕事を分けることを**分業**というが，どのように仕事を分けるかは，組織目標の違い，組織が行う活動の種類などによって異なる。いずれにしても組織目標を達成するために組織活動をどのように区切り，担当を分けるのかによって，経営資源（人的資源，資金，物的資源）の分け方も変わることになる。

　組織の分け方の基本は2つの種類がある。一つは，仕事の機能（function, 職能）による分け方であり，これを**機能別（職能別）組織**という（**図表6.1**）。製造メーカーの例でいえば，製造部門，営業部門，購買部門などによって仕事を分け，それらの仕事全体を通すとその組織が行う活動全体となる。

　もう一つは**事業部制組織**である（**図表6.2**）。例えば，製造メーカーであれば作っているもの（製品あるいは製品群）により組織を分ける，サービスを営む組織であればサービスの種類別，流通業であれば地域別などである。このポイントは「事業」といわれる組織単位ごとにビジネスが完結していることである。とはいえ，実際の組織においてはこの2つの基本的な組織の形の組み合わせがたくさんあり，また完全な自己完結事業ではなく，一部の機能は別の組織で行っているという事業部もある。それぞれの組織においてそのときのさまざまな事情によって組織は構築される。組織構造を職能で区分する

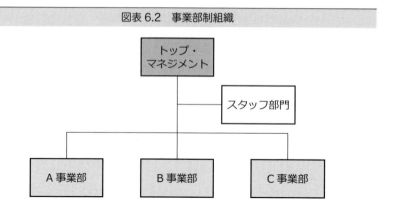

図表6.2　事業部制組織

か事業で区分することが基本ということになる。

　加えてこれらの分業の間に公式的な情報が流れるが，その流れが組織と組織をつなぐ線として描かれる。組織の中の情報はさまざまな流れがあり，公式的な情報だけでなく非公式情報が組織内に流れているのは当然であるが，組織図における組織間のラインによって，少なくとも公式情報はその流れに沿って上下に流れていくことを組織図を見た人は知ることができるのである。

　それぞれの組織構造は，次のような特徴，およびメリットデメリットがある（図表6.3，図表6.4）。

　機能別（職能別）組織は，組織が機能（職能）によって分かれている。製造メーカーであれば製造する部門，販売する部門，資材を調達する部門，研究開発する部門などである。これらのそれぞれの部門は，それぞれの専門性を追求することが求められる。各専門性によって機能を集中するために規模の経済性を生むことが可能となり，また経営資源の共通活用が可能になる。機能別（職能別）組織では，トップ・マネジメントが日常的な意思決定と部門間調整を行うため，すべての権限がトップ・マネジメントに集中する。この意味で機能別（職能別）組織は集権化組織ともいわれる。各部門はそれぞれの専門性を追求するために部門間での調整はトップ・マネジメントが行うしかなく，部門間での自律的調整は難しい。また部門間比較もその機能が異なり目標も異なるので難しい。

6.1 組織構造　　79

図表 6.3　機能別（職能別）組織の特徴

メリット	デメリット
・部門の専門性向上 ・規模の経済性 ・経営資源の共通利用が可能 ・トップダウンでの調整・統制が比較的容易	・職能別のバイアスがかかる ・過度に権限が集中する可能性 ・部門間比較が困難 ・部門間調整が困難 ・トップが日常業務に忙殺されやすい

図表 6.4　事業部制組織の特徴

メリット	デメリット
・トップは戦略に専念しやすい ・責任範囲・業績評価が明確 ・資源配分とコントロールが容易 ・部門間調整が容易 ・意思決定が迅速 ・統合的視野の育成 ・内部競争による活性化	・事業部独走（セクショナリズム）の可能性 ・人事の硬直化の可能性 ・複合製品が生まれにくい ・短期的志向の助長 ・経営資源の重複による無駄の可能性

　一方，事業部制組織では，事業部業務に関する意思決定権限が事業部の組織の長である事業部長に任される。事業部制での事業部長には事業部に関する多くの権限と責任が委譲される。事業部制組織では，多くの権限を事業部長が担っており，事業部は原則，自己完結的で，経営行動の結果を示す採算性についても独立採算性となる。その意味で，事業部制組織は分権化組織といわれる。

　事業部制組織のメリットは事業部が直面する事業に関する経営問題にスピーディに対応でき，またそれに対する結果責任が明確になる。事業部長が事業に対する意思決定を行うため，トップ・マネジメントは戦略策定に専念できる。また独立した事業部を戦略事業単位とみなして資源配分を行うことも容易である。事業部はお互いに独立事業の長としての役割を担うため，内部的に競争関係となり切磋琢磨することが期待され，活性化が促される。加えて事業部長は事業全体のことを考えることが求められるために統合的視野が醸成され，経営者育成のプロセスにもなりうる。一方，事業部の独立性が高くなると，人事，総務，会計など事業部ごとに重複する職能が存在しがちで

あること，事業部間の情報のやり取りが難しいこと，事業部としての成果に関心が向くことによってセクショナリズムが生まれやすく，短期的志向が強くなりがちである。

大企業においては単一の製品群を扱っている企業はごく少数で，多くの企業が多角化戦略をとっている。多角化された製品群間に関連性が低いほど事業部制組織をとることで各事業部が製品群ごとに環境変化や技術変化にスピーディに対応することがメリットになる。

しかし事業部の独立性が高いといっても，事業部が1つの組織の部分組織である以上，その存在目的は全体組織の目標を達成することにあるはずである。したがって，独立性が高い事業部であっても，自己組織の目標を達成するだけでなく，組織全体の目標を達成することにも貢献しなければならない。そうなるためのマネジメント上の工夫が必要になる。つまり組織全体最適と，組織の一部である各事業部の部分最適の一致である。そのために，事業部が自らの組織目標を達成するための行動が，結果的に組織全体の目標達成につながるようにマネジメントシステムをつくることが必要になる。

6.2　権限と責任

組織目標を達成するために仕事を分けた（分業）それぞれの組織内の組織に対し，それぞれに何をすることができると認められているのか（権限），何をするべきか（責任）を明確にしておく必要がある。そうでないと，分業をする意味がなくなるからである。分業をした上でそれぞれの仕事を全うするための権限と全うした結果への責任を各組織に伝えることで，組織全体の目標を達成するための分業間につながりが生まれることとなる。このつながりによって，組織全体の目的を果たすための組織としての活動となる。そこで，次にこの分業における権限と責任に関する概念を紹介する。

6.3 レスポンシビリティ・センター

6.2節で述べたように，組織の中で分業される組織は権限と責任を決めることになる。このように各組織がどのような責任を持っているかを示す総称がレスポンシビリティ・センター（責任センター：responsibility center）である。レスポンシビリティ・センターはその組織が持つ権限と責任によって4つの種類に分けられている（図表6.5）。

一つは，その組織が使う費用に権限と責任を持つコスト・センター（cost center），2つ目は組織の売上に権限と責任を持つレベニュー・センター（revenue center），3つ目は組織の生み出す利益に権限と責任を持つプロフィット・センター（profit center），4つ目はプロフィット・センター同様に，利益に権限と責任を持つが，その利益が短期のみならず長期的にも権限と責任を持つインベストメント・センター（investment center）である。

レスポンシビリティ・センターは，組織図を見てもそれがどのような種類のレスポンシビリティ・センターであるかは，にわかにはわからない。組織図で示されている名称は同じでも，実際にその組織が担っている権限と責任は異なる場合がある。例えば「事業部」といってもプロフィット・センター

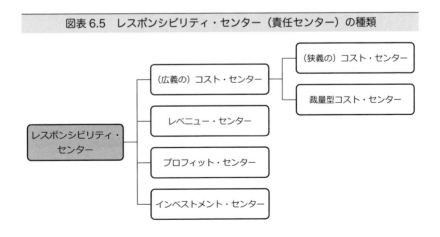

図表6.5　レスポンシビリティ・センター（責任センター）の種類

82 第6講 組織とレスポンシビリティ・センター

のこともインベストメント・センターのこともあるし，場合によっては実際にはコスト・センターの場合もある。

　組織を動かすためには組織図のみならずレスポンシビリティ・センターとしてどのような責任権限を持っているかを決めることが組織全体として機能させるためには必要となる。

　次にそれぞれのレスポンシビリティ・センターについて詳しく見ていこう。

6.3.1　コスト・センター

　コスト・センターは生産部門，技術部門，管理部門，サービス部門などに適用される。例えば，工場では，何をどれだけ生産するかについて決定することはできず，営業部門あるいは本社生産管理部門から要請された量と質を，いかに低コストで作るか，インプットであるコスト（製造原価）をいかに効率よく使ったかということに責任を持つ。

　コスト・センターは，その部門が使う費用の額に責任を持つレスポンシビリティ・センターである。コスト・センターはその組織が使える資金に対して，その組織の目標を最大限に達成することが課されている。つまり，活用できる資金を抑えながら求められている数量，品質の製品を生産することが課されることとなる。この場合，コスト・センターが使った金額に対する生産数量は測定可能であるので，コスト・センターの生産効率を数値で示すことができる。コスト・センターの長は改善活動など，生産性の向上を追及することになる。この場合は科学的標準を設定しやすい。

　生産部門がコスト・センターである場合，生産部門が固定費に対する意思決定権限を持つのかどうか，コストを製品1個当たりで見るのか，あるいは費用全体で評価するのかなどにより，そのコスト・センターの活動も変わっていく。

　一方，管理部門では活用できるのはある一定の金額であり，そのお金を使ってその組織が課せられる最大のアウトプットを出すということは先のコスト・センターと同様であるが，そのアウトプットの測定が定性的で難しい。例えば，長期間を要する研究開発や，総務，経理，人事といった管理部門，間接部門といわれるスタッフ部門の仕事である。特に人事の仕事は，採用，研

修, 福利厚生などコストがかかることは間違いない。しかし何をもって人事の仕事がうまくいったと判断するのか, それは数値で測定することは困難である。採用人数が目標値であればそれでよいのか, 研修に行った人数が多ければよいのかなど, 数字に表れるアウトプットよりも, 本来その質が問われる仕事であるために効率ということが測定しにくい, 定性的なアウトプットを求められるコスト・センターになる。これを**裁量型**(discretionary) **コスト・センター**と呼んでアウトプットが測定可能な狭義のコスト・センターと区別する。

裁量型コスト・センターにおいては, アウトプットの質が問われることになる。その質は組織メンバーの活動によって大きく左右されるが, アウトプットを測定できないため組織メンバーのモチベーションや目標設定が難しいともいえる。このような部門の場合, 目標による管理やゼロベース予算など, 責任者は与えられた予算の中で期待された成果 (定性的ではあるが) を挙げることが必要である。

6.3.2 レベニュー・センター

レベニュー・センターとは, 一定の人件費と販売費を使って最大の売上を挙げることが求められている。したがってこれをレベニュー・センターとして区別するが, これをコスト・センターの一部としてとらえる考え方もある。

営業部門はレベニュー・センターとして位置づけやすい部門である。アウトプットを最大化することに責任を持つ組織であり, 活用する費用の範囲は決められている。アウトプットに対する価格設定, 取引の方法など販売方法の決定はレベニュー・センターの権限になる。

レベニュー・センターはいわば, 「売って売って売りまくれ」というスタンスで, 何をどれだけ売るかを任されている。そこで, レベニュー・センターにどのような製品について販売することが会社の利益につながるのかといった情報を付与することも重要になる。

6.3.3 プロフィット・センター

さて, 6.1 節に述べた事業部のように, その組織の中で事業が自己完結し

84 第6講 組織とレスポンシビリティ・センター

ている組織，すなわち傘下に事業関連の開発，生産，販売部門を持ち，自立的な事業部活動を前提としている場合においては，この組織はインプットとアウトプットの両方に関わる権限を持ち，利益に責任を持つ組織として位置付けられる。これをプロフィット・センターという。プロフィット・センター長は，売上などの収益と費用との最適な組み合わせを決める権限が与えられており，製造部門であっても，社内的に製品を販売するという自主的な権限が与えられている場合には，製造部門がプロフィット・センターとして位置付けられることもある。あるいは，営業部門が社内製造部門のみならず，自主的に仕入先を見つけ，販売価格を決定できる場合には，営業部門であってもプロフィット・センターとして位置付けられることもある。

　プロフィット・センターにどのような種類の利益責任を課し，それに応じた権限をどの程度にするかということは，その企業の組織全体をどのようにマネジメントするのかという考えに応じて決められる。戦略を実行するためには中長期的な意思決定もプロフィット・センター長に任せた方がよいのか，あるいはそれは本社もしくはトップ・マネジメントが主導的に考え，プロフィット・センターには，短期に稼ぐことに集中してもらう方がよいのか。こうしたことが，目標および業績評価の指標の選択に関わることとなる。どのようなプロフィット・センターにどのような業績評価尺度が適しているのか，プロフィット・センターをどう考えるかについては，**第8講**で学習する。

6.3.4　インベストメント・センター

　プロフィット・センターが主として現時点での経営資源を前提とした利益達成を期待されているのに対して，インベストメント・センターは，設備・施設などの長期に経営に影響を及ぼすような大規模な投資をする権限も委譲されており，投下資本の効率的な活用への責任も持つ。インベストメント・センターはプロフィット・センターの一つとみる考え方もある。

　インベストメント・センターは大企業の事業部や事業グループに見られるように，設備や在庫などにどれだけの投資をするかという権限も委譲されている組織単位である。ソニーが1995年に導入して以来，他の企業でも利用されている「カンパニー」はこれを志向したものといえよう。

6.3 レスポンシビリティ・センター　　85

　インベストメント・センターは長期に影響が及ぶ意思決定権限を持つことから，アウトプットとしても短期の利益のみならず，長期の利益にも責任を持つ。加えて，長期的投資への権限を持っているということは，利益のみならず，利益を生み出す資源の投下に関する意思決定の権限と責任を持っていることを意味する。したがって，経営資源を示している事業部の総資産，あるいは貸借対照表に責任を持っているともいえる。また，大規模な投資に対して責任を持っているということは，投資を可能にした財源にも責任を持つということである。そこで，資本コストを意識し，総資産を調達した資金の源泉のうち，利子がかからない「（正味）使用資本」からどの程度の利益を生み出すことができているかが問われることもある。詳しくは**第8講**で解説する。

　インベストメント・センターの特徴は自己完結型で独立採算性をとることである。その特徴は次のような点が挙げられる。

　まず，インベストメント・センターは，製品別，地域別などに分割された事業部ごとの総合管理の権限を，事業部長に包括的に委譲するやり方である。インベストメント・センター長は短期利益のみならず，長期の利益について左右する権限を委譲され，その責任を担っている。

　包括的にインベストメント・センター長に権限を委譲するためには，各インベストメント・センターは自立的な資本計算制度を持つ独立採算単位とされる必要がある。インベストメント・センター長は売上，費用に加え，重要な投資に対するコントロールも行う。

　製造企業における製品群別のインベストメント・センターの場合，各インベストメント・センター長は担当製品の開発・生産・販売という職能部門すべてを持った自己完結型の組織体の管理者として地位を与えられる。

　インベストメント・センター長はラインの長であり，トップ・マネジメントの直接的な管理対象となる。職能部門はインベストメント・センター長の管理下にあり，トップ・マネジメントと職能部門長との関係は間接的になる。インベストメント・センター長は委譲された意思決定権限に見合った会計責任をトップ・マネジメントに対して請け負う。インベストメント・センターとしての事業部を傘下に持つトップ・マネジメントは，大幅な権限を事業部

長に委譲し，自主的な計画管理を委ねながらも，トップ・マネジメント層の目標が効果的に達成されることを期待することになる。

6.4 レスポンシビリティ・センターの選択と組織デザイン

　レスポンシビリティ・センターは上述のように4つの種類がある。代表的なものとしては，コスト・センターが製造部門，レベニュー・センターが営業部門，プロフィット・センター，インベストメント・センターが事業部と述べたが，必ずしもこの対応が決まっているものではない。事業部という名称であってもプロフィット・センターである場合もあればインベストメント・センターの場合もあり，これは組織図を見ただけでは区別はつかない。

　場合によって，カンパニー，社内分社といった名称でその独立性の高さを示すこともあるが，そこにおいても実際の投資権限の大きさや利益責任の内容によってはプロフィット・センターの場合もインベストメント・センターの場合もある。

　また，製造部門であっても，利益に責任を持たせるプロフィット・センターとして位置付けている企業もある。つまり，組織図だけでは実際の組織のマネジメントの中身はわからない。レスポンシビリティ・センターとしてどの組織をどのように位置づけるかを決めることによって，組織全体をどのようにマネジメントするのか，それがデザインされるのである。

　したがって，組織構造は，組織図に加えて，各組織の持つ権限と責任を決定する，つまりレスポンシビリティ・センターとしてのポジショニングを決めていくことによって組織のデザインが決まるのである。

●練習問題●

問1　組織構造の基本的な2つの考え方を述べなさい。

問2　次の文中の空欄に当てはまる用語を述べなさい。

レスポンシビリティ・センターには4つの種類があるといわれる。コストに責任を持つ [①]，売上に責任を持つ [②]，短期利益に責任を持つ [③]，そして長期および短期の利益に責任を持つ [④] である。

【推薦文献】

Anthony, R.N. and V. Govindarajan（2007）*Management Control Systems*, 12th edition. McGraw-Hill Publishing Co.

Daft, R.L.（2001）*Essentials of organization theory & design*, 2nd edition. South Western College.（髙木晴夫訳（2002）『組織の経営学──戦略と意思決定を支える』ダイヤモンド社）

第7講

予算管理

　本講ではまず，予算とは何かをより詳しく説明する。次に，予算管理の PDCA サイクルのうち，P にあたる**予算編成**と，C にあたる**予算実績差異分析**を学習する。この学習において，予算管理には，意思決定とコントロールに役立てるという 2 つの目的があるということを常に頭に入れておいてほしい。最後に，この 2 つの目的にトレードオフがあることなどから生じる，予算管理のいくつかの問題点を検討する。

7.1　予算管理の意義

　ある活動で成果を出すためには，計画を立て（**P**lan），実行し（**D**o），その進捗具合を評価し（**C**heck），行動を改善（**A**ction）しつつ計画の達成を目指すというプロセスを踏むことが重要である。この 4 つの段階のプロセスのことを **PDCA サイクル**という。

　大学での管理会計の勉強という活動で考えてみよう。管理会計の授業で 90 点という成績をとることを目指し，毎回授業に出席し，毎日 1 時間，授業の復習をする計画を立てる（P）。その計画に基づき勉強してきたが（D），中間試験では計画していた 90 ％ではなく 80 ％しか得点できなかったので，計画達成には勉強不足であると計画の進捗具合を評価し（C），毎日 2 時間の復習へと行動を改善する（A）。このようなプロセスで管理会計を勉強すれば，

きっと最終的には 90 点という成績がとれ，良い成果を出せたという実感を得られるだろう。

PDCA サイクルをまわすことは何のために必要なのだろうか。第 1 に，どの行動を選択するかを決めるのに役立つ。1 日は 24 時間と有限だが行動の選択肢は無限にある。管理会計の勉強をすることで，24 時間のうち，1 時間か 2 時間は管理会計の授業の復習をすると行動を決めること（2 時間がより正しい選択だった）ができる。第 2 に，計画の達成に向けて自分のやる気を高め，より努力をしていくために役立つ。先ほどのように管理会計を勉強すると，自分の責任で決めた 90 点という成績の目標が自分自身への評価の基準となり，計画を達成することで良い評価（自分だけでなく，きっと管理会計の授業の先生も良い評価をしてくれるであろう）を得ようと思い，より努力をするようになる。

以上のことを少し難しく表現すると，PDCA サイクルをまわすことには，**意思決定とコントロールに役立てる**という 2 つの目的がある。意思決定とは，**複数の行動の選択肢のうち，ある行動を選択する**（同時に他の選択肢を諦める）ことである。コントロールとは，**計画の達成に向けて，人々を動機づけ，より努力をさせる**ことである。

企業もその活動で成果を出すためには，計画を立て，実行し，その進捗具合を評価し，行動を改善しつつ計画の達成を目指すという PDCA サイクルをまわすべきである。**第 2 講**や**第 5 講**で学習したとおり，企業には長中期計画や短期利益計画などさまざまな計画があるが，短期利益計画に密接に関わり，かつ日々の活動にも強く関わっているのが**予算**である。企業が PDCA サイクルをまわして，この予算を達成していくことを**予算管理**という。予算管理はほぼすべての大企業が用いている重要な管理会計ツールである[1]。

---

[1] 筆者たちが 2018 年に実施した調査（妹尾・横田，2024），「企業予算制度」調査研究委員会が 1992 年から 10 年ごと 4 回にわたって実施した調査（大槻ほか，2023；企業予算制度研究会，2018）などで，日本のほぼすべての大企業が予算管理を実施していることが明らかになっている。

7.2 予算とは

7.2.1 予算の定義と特徴

日本で管理会計を勉強していると，必ず出てくる予算の定義は，『原価計算基準』に記載されている次のものである。

「予算とは，予算期間における企業の各業務分野の具体的な計画を貨幣的に表示し，これを総合編成したものをいい，予算期間における企業の利益目標を指示し，各業務分野の諸活動を調整し，企業全般にわたる総合的管理の要具となるもの」（『原価計算基準』一（四））

この定義から，予算とは以下のような特徴を持つ計画であることがわかる。第1に，一定の予算期間における企業の活動計画である。多くの企業では1年を最も基本となる予算期間としている[2]。第2に，企業のさまざまな業務分野の活動計画であるとともに，それらを**総合した**（まとめた）企業全体の活動計画でもある。さまざまな業務分野は，製造，営業，購買といった仕事の機能ごとにも分けられる。第3に，予算期間における企業の**利益目標**を示す，円やドルなどの貨幣的に表示された計画である。このことから**第9講**で学習する，顧客満足度や従業員満足度といった貨幣的に表示できない非財務指標の計画は，必ずしも予算とは呼ばれない。

7.2.2 予算の分類

前項で示した予算の定義は広いので，その特徴を踏まえていくつかに分類できる[3]。第1は，予算期間に基づく分類である。予算期間は1年を超えない

---

[2] 筆者たちの2018年の調査では，日本の大企業の51.8%が「1年」を予算期間の基本単位としていた（妹尾・横田，2024，p.83）。

[3] 予算の分類は以下のもの以外にもさまざまなものがある。その分類に基づく予算の種類やそれらの体系の詳細は，小林（2002）などを参照のこと。

とするならば[4]，予算期間を1年とする**年次予算**，半年とする半期予算，3ヵ月とする四半期予算，1ヵ月とする月次予算といったものがある。多くの企業は1年を最も基本となる予算期間としているが，年次予算だけではなく，半期予算，四半期予算，月次予算といった期間の短い予算も利用することで，より具体的な日々の活動と予算を結びつけやすくなる。

第2は，企業内のどの組織の予算なのかという観点の分類である。機能別（職能別）組織の場合，さまざまな業務分野の活動である機能は，製造部門や営業部門といった部門が担当する。この部門ごとに編成される予算を**部門予算**という[5]。一方，部門予算をまとめた企業全体の予算を**総合予算**という。企業全体の活動の結果を示す書類は，**第3講**で学習した，損益計算書，貸借対照表，キャッシュ・フロー計算書といった財務諸表である。そのため，企業全体の活動の計画である総合予算は，見積（予算）損益計算書，見積貸借対照表，見積キャッシュ・フロー計算書といった見積財務諸表で示される[6]。

第3は，企業活動の内容に基づく分類である。企業活動には製造，営業，購買といった，継続的・反復的に行われる活動と，設備投資などのプロジェクトとして行われる活動がある。前者の予算を経常予算，後者の予算を資本予算という。経常予算は売上高や原価などを動かす損益活動に関する**損益予算**（売上高予算，製造原価予算など）と，現金などを動かす資金活動に関する資金予算（現金収支予算など）に分けられる。損益予算は最終的には見積損益計算書として示される。なお，資本予算は**第4講**で学習した戦略的意思決定と密接に結びついている。

本講では，年次予算，部門予算と総合予算，損益予算を主な対象とする。

---

[4] 予算期間が1年を超えるものを長期予算，1年以内のものを短期予算とする分類もあるが，前者は**第2講**や**第5講**で学習した，長期計画や中期計画と呼ぶ方が一般的である。

[5] 事業部制組織の場合は，事業部予算も編成される。

[6] 筆者たちの2018年の調査では，日本の大企業の80％以上が「見積損益計算書」を作成していたが，「見積貸借対照表」や「見積キャッシュ・フロー計算書」を作成していた企業は50％未満だった（妹尾・横田，2024，p.83）。

7.3 予算編成

予算編成とは企業が予算という計画を立てることであり，予算管理の PDCA サイクルのうち，P にあたるものである。

7.3.1 予算編成の 2 つの目的

7.1 節で述べたとおり，予算編成には意思決定とコントロールに役立てるという 2 つの目的がある。正確な製造原価予算を編成できていれば，製造部門は適切な生産量を決定するなど，製造活動に関する正しい意思決定をできる。正確な売上高予算を編成できていれば，営業部門は適切な販売量を決定するなど，販売活動に関する正しい意思決定をできる。そして，正確な企業全体の予算を編成できていれば，製造活動と販売活動が適切に調整され，企業全体として正しい意思決定をできることになる。

正確な予算を編成することは，人々をコントロールすることにも役立つ。営業（製造）部門長の業績評価の基準が売上高（製造原価）予算である場合，その予算が正確で納得感がある方が，予算達成に向けて動機づけられ，より努力するようになる。

7.3.2 トップ・ダウン型予算とボトム・アップ型予算

部門予算と総合予算の編成方法には，大きくトップ・ダウン型予算とボトム・アップ型予算の 2 つがある。トップ・ダウン型予算とは，トップ・マネジメント主導で総合予算を編成し，それを分割する形で，部門予算を現場に示すものである。ボトム・アップ型予算とは，部門長など，現場のマネジャー主導で部門予算を編成し，それを積み上げる形で，総合予算を編成するものである。

現実には完全なトップ・ダウン型予算またはボトム・アップ型予算をとっている企業は少ない。ほとんどの企業は両者の折衷型をとっており，その中で現場のマネジャーの予算参加の程度が低い企業と，高い企業がさまざまに

存在している。

　正確な予算を編成するためには，企業内外の多様な情報を入手する必要がある。一般に，トップ・マネジメントと比べ，現場のマネジャーの方がこれらの情報を多く持っている。そのため，現場のマネジャーの予算参加の程度を高めた方が，予算編成の意思決定目的の達成を促進すると考えられる[7]。

　一方，現場のマネジャーの予算参加の程度を高めることには問題もある。まず，トップ・マネジメントと現場のマネジャーがコミュニケーションをとる必要があるため，予算編成の時間的負担が大きくなる。もう一つの問題は次のとおりである。**7.4 節**で述べるとおり，部門長の業績評価において予算達成度を重視することは，コントロール目的の達成を促進する。しかし，そのような場合，部門長は部門予算を低い水準にすることが有利になるため，予算編成において正しい意思決定につながる情報を出さなくなる可能性もある。このように予算管理のコントロール目的を達成しようとすると，意思決定目的の達成が難しくなるというように，この 2 つの目的はトレードオフの関係になる場合がある。これらの問題点は **7.5 節**で詳述する。

7.3.3　予算編成プロセスの例

　ここでは以下の C 社の例を用いて，具体的な予算編成プロセスを考えてみよう。

　C 社はじゃがいもを仕入れ，自社でスナック菓子 P という 1 つの製品だけを製造・販売している。C 社は機能別（職能別）組織となっており，製造活動は製造部門，販売活動は営業部門が担当している。トップ・マネジメントがいる本社部門が中心となり企業全体の予算管理を行っており，製造部門長は製造原価予算，営業部門長は売上高予算に責任を負っており，その予算と実績の差額で業績を評価される。すなわち，製造部門は**第 6 講**で学習したコスト・センター，営業部門はレベニュー・センターとなっている。

　C 社は折衷型の予算編成を行っている。説明の対象は，年次予算，部門予

---

[7] 業績評価の基準が正確で納得感があるものになり，かつ，その基準の設定に現場のマネジャー自身が関わることができるので，前述のとおりコントロール目的の達成を促進する側面があるとも考えられる。

算と総合予算，損益予算（売上高予算と製造原価予算）を簡略化したものである。

まず，**第2講**や**第5講**で学習した，戦略，中期計画，短期利益計画に基づき，本社部門は各部門に利益目標をはじめとする部門予算の大まかな方針（予算編成方針）を示す。この方針をもとに，製造部門が製造原価予算，営業部門が売上高予算を編成する。これらを積み上げ，もし企業全体の利益目標に達しない場合は，売上高予算を増やす（製造原価予算を減らす）といった本社部門と各部門または部門間の調整をすることで，最終的な総合予算を見積損益計算書の形で編成する。

このプロセスを別の観点で説明しよう。予算は企業活動の計画であるので，通常のビジネスの流れ，仕入→生産→販売とは逆に考えるべきである。すなわち，販売に関わる売上高予算から編成していく。

営業部門は本社部門の方針と顧客調査などの社内外の情報に基づき，スナック菓子Pの予算販売価格を200円，予算販売量を10,000個と見積もったとしよう。この数値が予算として本社部門に承認されれば，2,000,000円（200円×10,000個）がC社の売上高予算となる。ここで，予算を価格面と数量面の両方を見積もって計算することは，期首により正確な予算を編成するためだけでなく，期末に予算と実績の差額が生じたときの原因分析を正確にするためにも重要である。例えば，予算販売量10,000個をスナック菓子Pの予想市場規模100,000個と自社の予想市場シェア10％で計算するというように，予算数値をより細かく見積もり計算すれば，より正確な予算編成，予算と実績の差額のより正確な原因分析につながりうる。なお，C社の営業部門はレベニュー・センターであり，売上高予算2,000,000円は営業部門長の業績評価の基準となる。

売上高予算が決まれば，どのくらい販売すればよいかわかるため，必要な生産量も決まる。通常は，完成品や加工途中の製品である仕掛品の在庫があるため，予算販売量と予算生産量は異なる[8]。しかし，C社は完成品と仕掛品の在庫は無視してよい量しかないと考えたため，予算生産量も10,000個と見積もった。ここで，C社の製造部門は本社部門の方針と仕入先の分析などの

---

[8] 例えば，期末に完成品在庫が500個必要だったとするならば，予算生産量は10,500個（予算販売量10,000個＋期末完成品在庫500個）となる。

7.4 予算実績差異分析 **95**

図表 7.1 C 社の見積損益計算書（売上総利益まで）

売上高	2,000,000 円
売上原価[11]	1,500,000 円
売上総利益	500,000 円

社内外の情報に基づき，スナック菓子 P の 1 個当たり予算製造原価[9] を 150 円と見積もったとしよう。この数値が予算として本社部門に承認されれば，1,500,000 円（150 円×10,000 個）が C 社の製造原価（売上原価）予算[10] となる。製造部門はコスト・センターであり，製造原価予算 1,500,000 円は製造部門長の業績評価の基準となる。

この売上高予算と製造原価（売上原価）予算に基づき，C 社全体の総合予算を見積損益計算書（売上総利益[12] まで）として示すと，**図表 7.1** のとおりになる。

7.4 予算実績差異分析

編成した予算に基づき企業が実際に 1 年間活動（予算管理の PDCA サイクルのうちの D）した結果，売上高，売上原価，利益などの実績のデータが得られる。この実績と予算の差額のことを**差異**と呼ぶ。利益を増加させるという

---

[9] 製造原価予算総額は，主な材料の原価などの直接材料費予算，製品の製造に直接関わる工具の賃金などの直接労務費予算，それ以外の直接経費予算や製造間接費予算（4 つを合わせて仕掛品予算と呼ぶ）で構成される。その製品 1 個当たりの金額である 1 個当たり予算製造原価は，標準原価計算を実施している企業では，製品の原価標準（1 個当たり標準原価）のデータを用いる場合が多い。標準原価計算については，西居・町田・上田・新井（2024）第 10 講などを参照のこと。

[10] 単純化された C 社の設例では，予算販売量と予算生産量が同じなので，製造原価予算と売上原価予算の金額は同じになる。

[11] 注 10 で示したとおり，単純化された C 社の設例では，売上原価予算と製造原価予算の金額は同じである。

[12] 本講では単純化のため売上総利益までしか計算していないが，予算管理において最も重要な利益は営業利益である。なお，本講では説明を省略しているが，売上総利益の下に計上される販売費や一般管理費の予算管理については，小林（2002）などを参照のこと。

96 第7講 予算管理

意味で企業にとってプラスの差異を**有利差異**，マイナスの差異を**不利差異**と
呼ぶ。有利差異が生じる場合は一般に予算が達成できていると考えることが
でき，不利差異が生じている場合は予算が未達である。売上高の予算が
2,000,000 円で実績が 1,995,000 円ならば，差異は 5,000 円の不利差異である。
製造原価（売上原価）の予算が 1,500,000 円で実績が 1,522,500 円ならば，差
異は 22,500 円でこれも不利差異となる[13]。予算実績差異分析とは，この差異
を把握し原因の分析をして，予算の達成具合を評価するものであり，予算管
理の PDCA サイクルのうち，C にあたるものである。

7.4.1　予算実績差異分析の2つの目的

　予算編成と同様に，予算実績差異分析にも意思決定とコントロールに役立
てるという2つの目的がある。例えば，売上高予算に不利差異が生じていた
とする。予算実績差異分析により，実際販売価格は予算どおりで問題はなか
ったが，営業部門の従業員の活動に問題があり，実際販売量が予算に達しな
かったことが不利差異の原因で，その問題は改善可能だと明らかになったと
しよう。この場合，企業は次年度に向けて，営業部門の従業員の教育を強化
するなどの改善を行う（予算管理の PDCA サイクルのうちの A）という形で，
販売活動に関する正しい意思決定をできるはずである。

　予算実績差異分析は，人々の行動に影響を与えるためにも役立つ。営業
（製造）部門長の業績評価の基準を売上高（製造原価）予算とする場合，予算
と実績の差異が部門長の業績評価に反映されることになる。当然，売上高
（製造原価）予算が有利（不利）差異ならば，営業（製造）部門長の業績は良
い（悪い）と評価される。期末にこのような業績評価をすれば，部門長は不
利差異ではなく，有利差異を生じさせるよう，期中に努力するようになると
考えられる。しかし，予測できない販売価格や材料価格の上昇など，部門長
には直接的にコントロールすることができない原因から生じる差異まで業績

---

[13] 収益である売上高と費用である製造原価（売上原価）では，差異の計算における予算と実績の
引き算の順番が逆になる。売上高は実績が予算より高ければ利益を増加させるため，実績 − 予算，
製造原価（売上原価）は実績が予算より高ければ利益を減少させるので，予算 − 実績という順番
で差異を計算する。

評価に反映してしまうと，部門長は努力しても意味がないと感じ，動機づけが低下してしまう可能性もある。ここで，部門長が直接的にコントロールできる（できない）差異のことを**管理可能（管理不能）**な差異と呼ぶ[14]。予算実績差異分析はどの差異が部門長にとって管理可能か否かを判断するためにも用いられる。したがって，予算実績差異分析の結果として，管理可能な差異のみを業績評価に反映できれば，部門長は不利差異ではなく，有利差異を生じさせるよう動機づけられ，予算達成に向けてより努力するようになる。

7.4.2　予算実績差異分析と業績評価

　予算実績差異分析の結果を部門長の業績評価に反映する程度が高いほど，そのコントロール目的の達成を促進すると考えられる。部門長の業績評価は，基本給，賞与，昇進といった金銭的・非金銭的報酬ともリンクしている場合が多いので，予算実績差異分析の結果と報酬とのリンクの程度を高めることがそのコントロール目的の達成につながるともいえる[15]。しかし，7.3 節で述べたとおり，予算管理のコントロール目的と意思決定目的にはトレードオフの関係があり，それが問題を生じさせる場合もある（7.5 節参照）。なお，日本企業は伝統的に，予算実績差異分析の結果を部門長の業績評価に反映する程度は低いといわれている[16]。

7.4.3　予算実績差異分析の例

　先の C 社の例を用いて，具体的な予算実績差異分析を考えてみよう。**図表 7.1** の見積損益計算書にまとめられる総合予算や部門予算に基づき，実際に

---

[14] 評価される人にとって管理可能か否か，または影響可能か否かで業績評価を行う考え方を管理可能性原則や影響可能性原則と呼ぶ。この点については，**第 8 講**で詳しく学習する。

[15] 部門長などの業績評価において予算達成度を重視することは，予算強調（budget emphasis）とも呼ばれる。予算強調など，予算管理における業績評価スタイルに関する研究の詳細は，李ほか（2010）などを参照のこと。

[16] 「企業予算制度」調査研究委員会の調査では，予算実績差異分析の結果の利用目的として，「部門主管者業績評価」と回答している企業の割合は，1992 年から 2012 年まで一貫して低い。直近の2022 年の調査でも，そのように回答した企業の割合は 12.6％であった（友寄ほか，2024，p.162）。なお，予算実績差異分析の結果を「部門主管者業績評価」に利用すると回答した少数の企業の中では，その結果を「賞与」に反映する程度が「昇給」や「昇進」と比べて相対的に高い（企業予算制度研究会，2018；友寄ほか，2024）。

98　第 7 講　予算管理

図表7.2　C 社の予算実績比較損益計算書（売上総利益まで）

項　目	予　算	実　績	差　異
売上高	2,000,000 円	1,995,000 円	− 5,000 円
売上原価	1,500,000 円	1,522,500 円	− 22,500 円
売上総利益	500,000 円	472,500 円	− 27,500 円

　1 年間活動した結果，スナック菓子 P の実際販売価格は 190 円，実際販売量は 10,500 個，1 個当たり実際製造原価は 145 円だったとしよう。C 社は実際にも完成品と仕掛品の在庫は無視してよい量しかなかったため，実際生産量も 10,500 個であった。ここから実際売上高 1,995,000 円（190 円×10,500 個），実際製造原価 1,552,500 円（145 円×10,500 個）という C 社の実績のデータが得られる。7.3 節で述べたとおり，予算編成においてスナック菓子 P の予想市場規模と予想市場シェアを見積もった上で，例えば，実際市場規模 87,500 個と自社の実際市場シェア 12％という実際販売量に関するより細かい実績のデータを得られていれば，より正確な予算実績差異分析を行うこともできる。

(1) 予算実績比較損益計算書

　予算実績差異分析は最初に，**図表7.2**のような**予算実績比較損益計算書**を作成し，損益計算書の各項目別に予算と実績の差異を計算する[17]。ここから C 社の売上高差異は 5,000 円の不利差異（実績 1,995,000 円 − 予算 2,000,000 円），売上原価（製造原価）差異[18]は 22,500 円の不利差異（予算 1,500,000 円 − 実績 1,522,500 円），売上総利益差異[19]は 27,500 円（実績 472,500 円 − 予算 500,000 円）の不利差異となる。

(2) 売上高差異の分析

　続いて，各項目の差異を分解し，差異が生じた原因を分析する。典型的に

---

[17] このような分析方法は項目別分析と呼ばれる。

[18] 注 10 や注 11 と同様に，単純化された C 社の設例では，実際販売量と実際生産量が同じなので，売上原価差異と製造原価差異の金額は同じである。

[19] 本講では単純化のため，売上総利益差異までしか計算していないが，注 12 で述べたとおり，予算管理において最も重要な利益は営業利益であるので，予算実績差異分析でも営業利益差異が最も重要な差異となる。

は差異を価格面と数量面に分解する。以下では C 社の売上高差異はなぜ 5,000 円の不利差異となってしまったのかを分析していく[20]。

売上高は販売価格×販売量で計算される。そのため，売上高差異は販売価格に予算と実績のずれ（価格面），販売量に予算と実績のずれ（数量面）があったことを原因として生じる。

まず，C 社の売上高差異のうち，数量面のずれを原因とする差異を計算しよう。スナック菓子 P の予算販売量は 10,000 個，実際販売量は 10,500 個だったので，500 個分有利な差異（実績−予算）が生じている。これを金額化する際，企業全体や部門長にとって価格面よりも数量面の方が管理可能になる場合が多いといわれるので，価格面のずれの影響を排除するため，予算編成時点で見積もっていた予算価格 200 円を掛け，100,000 円（200 円×500 個）の有利差異と計算される。このように「**予算販売価格×（実際販売量−予算販売量）**」で計算される差異のことを**販売数量差異**と呼ぶ。

次に，C 社の売上高差異のうち，価格面のずれを原因とする差異を計算する。スナック菓子 P の予算販売価格は 200 円，実際販売価格は 190 円だったので，1 個当たり 10 円分不利な差異（実績−予算）が生じている。これに掛ける販売量は，数量面のずれの影響を排除するためには，予算販売量とすべきである。しかし，そのように価格面のずれを原因とする差異を計算してしまうと，販売数量差異と合計しても売上高差異の総額に一致しなくなる[21]。そのため，1 個当たり 10 円分不利な差異に実際販売量 10,500 個を掛け，105,000 円（−10 円×10,500 個）の不利差異と計算される。このように「**（実際販売価格−予算販売価格）×実際販売量**」で計算される差異のことを**販売価格差異**と呼ぶ。

---

[20] 本講では製造原価（売上原価）差異の分析の説明は省略する。なお，予算管理における製造原価差異の分析は，標準原価計算を実施している企業では，標準原価差異分析と密接に関連している場合が多い。

[21] 予算販売量を掛けて計算すると，両者の合計は「予算販売価格×（実際販売量−予算販売量）＋（実際販売価格−予算販売価格）×予算販売量」となる。この式を展開すると，「予算販売価格×実際販売量−予算売上高＋実際販売価格×予算販売量−予算売上高」となってしまう。一方，実際販売量を掛けて計算し，両者の合計の式を展開すると，「予算販売価格×実際販売量−予算売上高＋実際売上高−予算販売価格×実際販売量」となるので，売上高差異の総額（実際売上高−予算売上高）と一致する。

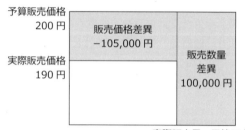

図表7.3 売上高差異の分解

　以上の売上高差異の分解は，**図表7.3**のように図で示すこともできる。前述のとおり，売上高は販売価格×販売量で計算されるので，予算売上高2,000,000円も実際売上高1,995,000円も，縦の長さを販売価格，横の長さを販売量とする長方形の面積で表せる。ここで，予算はなかなか達成できないと考え，予算と実際の販売価格や販売量がどのような値でも，実際売上高の長方形を小さく，予算売上高の長方形を大きく書くことがポイントである。そのように書けば，**図表7.3**の灰色の部分の面積が売上高差異の総額−5,000円となる。販売数量差異について，予算価格200円を掛けて計算するためには，灰色の部分を縦の直線を引いて分解する必要があり，そうすると自動的に販売価格差異は実際販売量を掛けて計算されることになる。

　C社の売上高差異について，販売数量差異は100,000円の有利差異，販売価格差異は105,000円の不利差異と分解できた。このことからC社の売上高差異が5,000円の不利差異となってしまった原因は，販売活動の価格面に問題があったことであり，数量面ではむしろ良い成果を挙げていたと一応の結論が出せる。しかし，予算実績差異分析を意思決定やコントロールに役立てるためには，さらなる分析が必要になる。

　コントロールに役立てるためには，差異が部門長にとって管理可能か否かという視点が重要になる。C社では営業部門長に価格決定の権限はなく，トップ・マネジメントがいる本社部門主導でスナック菓子Pの実際販売価格190円を決定していたとする。このような場合，C社の営業部門はレベニュ

ー・センターであり，売上高予算 2,000,000 円が業績評価の基準だからといって，売上高差異の総額を営業部門長の業績評価に反映してしまうと，管理不能な不利な販売価格差異 105,000 円も評価に含まれてしまい，営業部門長の動機づけが低下してしまう恐れがある。そのため，C 社は営業部門長にとって管理可能な販売数量差異のみをその業績評価に反映させるべきである。ただし，有利な販売数量差異 100,000 円はスナック菓子 P の予算販売価格 200 円を実際には 190 円に値下げしたことから生じている可能性もあるので，どこまでが営業部門長の貢献によるものかの判断も必要になる。

　予算実績差異分析を意思決定に役立てるためには，差異が部門や企業全体にとって改善可能かという視点が重要になる。分析の結果，C 社の有利な販売数量差異 100,000 円は完全に営業部門長や営業部門の従業員の努力の成果であり，値下げの効果は全くなかったとしよう。この場合，トップ・マネジメントのいる本社部門は，スナック菓子 P の価格を 200 円に戻すといった改善を行い，次年度の予算販売価格に反映させる必要がある。一方，競合他社も値下げをしているなどの理由から，値下げは必須であり，行っていなければ販売数量差異も不利差異になっていたという分析結果だったとする。この場合，不利な販売価格差異 105,000 円は C 社にとって改善不可能なので，次年度のスナック菓子 P の予算販売価格は 190 円のままにすべきである。そのうえで，不利な売上高差異 5,000 円について，販売活動の数量面をさらに改善することで解消を目指すといった選択をしていく。

7.5　予算管理の問題点

　このように意思決定にもコントロールにも役立つ予算管理であるが，問題点も多く指摘されている[22]。本講では予算管理の 2 つの目的にトレードオフがあることなどから生じる，代表的な問題点を 3 つ説明する。

---

[22] 予算管理の問題点については，企業予算制度研究会（2018），小林（2002），早川（2022），李ほか（2010），Hope and Fraser（2003）なども参照のこと。

第1に，予算編成に時間がかかりすぎるという，予算編成の時間的負担である[23]。7.3節で述べたとおり，企業が予算参加の程度を高めることは，予算編成の意思決定目的（とコントロール目的）の達成を促進するが，この問題点を増幅させると考えられる。

第2に，予算は1年を最も基本となる期間とする計画であるため，期中の環境変化に適応できないことである。期中に大きな環境変化があり，期首に編成した予算の正確性が低下すると，予算管理は意思決定のためにもコントロールのためにも役立たなくなっていく。この問題点に対応するため，企業は年度内に**予算修正**を行う場合が多い[24]。しかし，予算修正は予算管理の意思決定目的の達成を促進するが，当初予算と修正後の予算のどちらを部門長の業績評価の基準とするべきかといった新たな問題を生じさせ，予算管理のコントロール目的の達成を阻害する恐れがある。

第3に，7.3節で述べたとおり，予算管理のコントロール目的の達成を促進するため，部門長の業績評価において予算達成度を重視する場合に，意思決定目的の達成につながるよう，部門長の予算参加の程度を高めると，彼らは自身が有利になるような情報を出すようになっていく。このように部門長など，現場のマネジャーが予算参加の過程で予算を達成しやすくするため，売上高を過小に，製造原価などの費用を過大に見積もることを**予算スラック**[25] という。適度な予算スラックは企業にプラスの影響をもたらすこともあるが，過度な予算スラックは予算の正確性を低下させ，意思決定のためにもコントロールのためにも大きな問題となる[26]。

以上のように予算管理には多くの問題点があるため，企業はローリング予測やバランスト・スコアカードといった予算管理以外のツールを利用し，予

---

[23] 筆者たちが2024年に実施した調査では，日本の大企業は「予算編成に時間がかかりすぎる」ことを予算管理の最も大きな問題と認識していた（吉田ほか，2024，p.107）。また，2018年の調査では，日本の大企業の30.7%が予算編成に「3ヵ月」かかると回答しており，最も割合が高い（妹尾・横田，2024，p.84）。

[24] 筆者たちの2018年の調査では，日本の大企業の27.2%が「当初予算は固定され，期中には全く修正しない」と回答していた（妹尾・横田，2024，p.85）。

[25] スラックとは緩みや余裕を意味する。

[26] 予算スラックに関する研究の詳細は，伊藤（2022）などを参照のこと。

算管理は廃止すべきと主張する**脱予算経営**（beyond budgeting）を提唱する論者もいる[27]。しかし，本講で繰り返し述べてきたとおり，予算管理には意思決定とコントロールという2つの目的があり，この目的はさまざまな形で達成される。そのため，企業は安易に予算管理を廃止するのではなく，自社にとってどちらの目的がどの程度重要になるかを判断し，目的に対する効果を最大に，問題点を最小にするように，予算管理を実施していくべきなのである。

　読者のみなさんも予算管理の2つの目的を達成し，問題点を克服することを実感できるよう，まずは管理会計の勉強について，PDCAサイクルをまわしていこう。

●練習問題●

問1　本文にあるとおり，C社のスナック菓子Pの予想市場規模は100,000個で自社の予想市場シェアは10%であり，実際市場規模は87,500個で自社の実際市場シェアは12%だったとする。この場合，C社の販売数量差異を市場シェア差異と市場規模差異に分解しなさい。

問2　日本の上場企業のほとんどは，決算短信において売上高や利益などの業績予想を企業外部に開示している。そして，多くの企業ではこの業績予想は予算に基づき作成される（浅野ほか，2022）。まず，日本の上場企業を1社選び，決算短信で業績予想がどのように開示されているか，説明しなさい。その上で，企業外部に開示する業績予想と予算が密接に関連していることは，企業内部の予算管理にどのようなプラスとマイナスの影響をもたらしているのか，あなたの意見を述べなさい。

【推薦文献】

企業予算制度研究会編（2018）『日本企業の予算管理の実態』中央経済社。

小林健吾（2002）『体系予算管理　改訂版』東京経済情報出版。

Hope, J. and R. Fraser（2003）*Beyond Budgeting: How Managers Can Break Free*

---

[27] 近年，脱予算経営の予算管理を廃止するという主張は弱まり，その問題点を克服するための包括的な取り組みであると考えられているという（清水ほか，2019）。脱予算経営の詳細は，清水ほか（2019），妹尾（2022），Hope and Fraser（2003）などを参照のこと。

from the Annual Performance Trap: Harvard Business School Press. (清水孝監訳 (2005)『脱予算経営』生産性出版)

第**8**講

業績評価

　企業が計画や目標を達成するためには，各事業部門や職能部門の行動と企業が進みたい方向の向き合わせが重要になる。そのための手段が業績評価である。本講では業績評価の意義や第6講で述べたレスポンシビリティ・センターの業績評価および業績評価制度について学ぶ。

8.1　業績評価の意義

　業績評価（performance measurement and evaluation）**とは，定量的な指標によって測定されたパフォーマンスについて，何らかの基準に照らしてその善し悪しを評価する**ことをいう。業績測定に用いられる指標には，売上高や利益，投資利益率といった財務指標だけでなく，顧客満足度や納期の遵守度といった非財務指標も含まれる。また，測定されたパフォーマンスの善し悪しを評価するための基準は，評価する側，評価される側双方の合意のもとで決められた目標値（計画値）である。

　業績評価を行うことの意義は2つある。一つは，評価する指標を明確にすることによって，評価される側の関心を引きつけて，努力を方向づけられる点である。もう一つは，評価結果に関するフィードバックによって行動の妥当性を確認できるようにすることで目標達成に向けた行動を支援できる点である。

業績評価において重要なことは，目標を達成することに対する適切な評価やインセンティブを設計することである。インセンティブとは，**目標を達成した場合に提供される金銭を含むさまざまな報酬**のことを指す（インセンティブと報酬の概念を区別する見方もある。詳細は**第10講**を参照）。目標を達成したとしても何ら評価を受けることがなく，報酬にも反映されない状況では，評価される側のやる気を高めることは難しい。そのため，目標の達成状況と評価およびインセンティブが適切に結びつけられることによって業績評価の2つの意義が発揮されるといえる。

8.2　組織構造と業績評価

業績評価の対象は，個人と組織の2つのレベルに分けられる。個人レベルの対象は，一人ひとりの従業員である。一方，組織レベルの対象は，事業部門や職能部門などの組織とその組織を管理するマネジャーである。本書で取り扱うのは，後者の組織レベルの業績評価である。

組織構造を集権的組織と分権的組織に分けて，組織構造ごとの業績評価について考えてみよう。まず，集権的組織においては，各部門のマネジャーに課される責任も委譲される権限も小さいことから，意思決定の影響が及ぶ範囲は基本的には部門内に限られる。そのため，トップの策定した計画や業績目標の割り当てが適切に行われているとすれば，部門ごとに割り当てられている目標の達成状況をチェックし，未達時には必要な介入をしていけば，全社の目標の達成に近づくことができる。

次に，分権的組織においては，各部門の管理者に対して課される責任も委譲される権限も大きいことから，意思決定の影響が他の部門や全社に及ぶ可能性がある。そのため，計画が適切に設定され，業績目標も適切に割り当てられているとしても，各部門が業績目標を達成するために自部門の利益だけを追求して他部門に好ましくない影響を与えるように，全社での最適化につながらないことがある。例えば，業績目標達成のために他部門のビジネスに

侵食することは，全社での最適化という点からは望ましくない。分権的組織においては，部門の管理者の権限や責任を大きくし，部門を自律的に運営できることで円滑なビジネスを実現している反面，他部門との調整が必要になったり，全社としての最適化を実現することを難しくさせたりする。

8.3 事業部制組織の業績評価

8.3.1 プロフィット・センターと業績評価

そこで，分権的組織の代表的な例ともいえる事業部制組織における業績評価について考える。事業部は，第6講にあったように，通常，プロフィット・センター（利益センター）もしくはインベストメント・センター（投資センター）として運営される。まず，プロフィット・センターとして事業部を運営するとき，事業部およびその管理者は，収益と費用の両方に影響を及ぼせるため，利益について責任を負うことになる。事業部の利益がどのように計算されるかという点から確認した上で，事業部制組織の業績評価を見ていこう。

(1) 事業部の利益計算

事業部の利益計算を行うための損益計算書は**図表 8.1** のように作られる。事業部の損益計算書には 4 つの利益が記載されていることがわかる。第 1 は，売上高から変動費を差し引いて計算される**事業部貢献利益**[1] である。第 2 は，

図表 8.1　事業部の損益計算書

売上高
　　変動費
事業部貢献利益
　　管理可能個別固定費
事業部管理可能利益
　　管理不能個別固定費
事業部利益
　　本社費・共通費配賦額
事業部純利益

事業部貢献利益から，事業部で個別に発生する固定費のうち事業部長が管理できる管理可能固定費（マネジド・キャパシティコスト）を差し引いた**事業部管理可能利益**である。マネジド・キャパシティコストとは，事業部長の裁量によって短期的にコントロールができる広告宣伝費などを指す。第3は，事業部管理可能利益から事業部で個別に発生する固定費のうち事業部長が短期的には管理できない固定費（コミテッド・キャパシティコスト）を差し引いた**事業部利益**である。第4は，事業部利益から本社費・共通費の配賦額を差し引いた**事業部純利益**である。**本社費**とは，本社がサービスを提供するためにかかる費用を指し，**共通費**とは，事業部が共通で利用するサービスの提供のためにかかる費用を指す。こうした本社費・共通費を何らかの基準によって各事業部に割り当てることを**配賦**と呼び，例えば，各事業部の売上高や従業員数の割合に応じて本社費・共通費が配賦されることになる。

(2) 事業部および事業部長の業績評価

　事業部の損益計算を通じて得られる4つの利益のうち，どの利益を用いて事業部および事業部長の評価を行うべきなのだろうか。事業部の管理者である事業部長の評価としては，事業部管理可能利益と事業部利益の2つが考えられる。この2つを導く考え方が管理可能性原則と影響可能性原則である。**管理可能性原則**とは，事業部長が直接的にコントロールすることが可能な利益について責任を負うという考え方である。業績評価が定期的に行われており，その間に事業部長が影響を及ぼすことができる費用は変動費や管理可能固定費などの短期的なものに限られる。したがって，管理可能性の原則にしたがうのであれば，事業部管理可能利益を用いた評価が適切といえる。

　一方，**影響可能性原則**とは，事業部長は直接的なコントロールはできないとしても，十分に影響を及ぼしうる利益について責任を負うという考え方である。減価償却費など設備（キャパシティ）の保有によって発生額が決まってしまうコミテッド・キャパシティコストに対しては，事業部長が短期的にコントロールすることはできない。しかし，事業部長がキャパシティの保有に関して見直しを検討したり，上司との調整を図ったりすることで影響を及

---

[1] 貢献利益は限界利益と示されることもある。正確には限界利益は1単位当たり増やしたときの増分利益という意味だが通常は貢献利益と同義で利用する。

ぼすことは可能である。そのため，影響可能性の原則にしたがって業績評価を行うのであれば，事業部利益を用いた評価が適切といえる。

この2つの原則から導かれるいずれの利益によって事業部長を評価すべきなのだろうか。事業部管理可能利益と事業部利益の違いは，管理不能個別固定費の管理が評価の対象となるか，ならないかである。事業部管理可能利益によって評価を行うとき，管理不能個別固定費の管理は評価の対象外となるため，事業部長はキャパシティの保有については検討しなくてもよいことになる。しかし，持続的な経営を考えるとき，キャパシティを適切なレベルに増強したり削減したりするなど，長期的な視点から事業部運営を行うことは重要である。このような長期的な視点を重視するのであれば，事業部利益を用いた業績評価を行うことが望ましい。

他方，事業部の業績評価としては，事業部利益あるいは事業部純利益が用いられる。事業部利益は事業部が直接業務を行うための費用を差し引いた利益といえる。一方事業部純利益は，事業部利益から本社費・共通費の配賦額を差し引くことによって計算される。事業部純利益で評価される事業部としては，本社費・共通費の配賦額はできるだけ少なくしたいと考える。そのときとりうる選択肢の一つは，本社部門や共通部門が提供するサービスの必要以上の利用をやめることである。本社費・共通費のコストの内訳によって違いはあるものの，サービスの利用が多くなるほどコストがかさむ。そこで，サービスの利用を適正な水準にすることで，配賦される本社費・共通費を少なくしようとするだろう。

もう一つの選択肢は，本社費や共通費のコストの増大を牽制することである。本社費・共通費が自己増殖的に増大すれば，事業部の努力にもかかわらず本社費・共通費の配賦額は増加してしまう。そのため，事業部は本社部門や共通部門が提供するサービスが適切か，業務が効率的に行われているのか，といった点に対して関心を持ち，本社費・共通費が不必要に高まることを抑制しようとするだろう。このように，事業部純利益を用いた業績評価を行うことによって，増大しがちな本社費・共通費を抑制し，全社での利益を向上させるという事業部の独立採算の意識を高めることが期待される。

8.3.2 インベストメント・センターと業績評価

続いて，インベストメント・センターとして事業部を運営するとき，事業部およびその管理者は，利益だけでなく使用資本にも影響を及ぼせるため，使用資本の効率性について責任を負うことになる。プロフィット・センターとの違いは，事業部の使用資本を考慮する点であり，インベストメント・センターでは，どれだけ効率よく利益を生み出すことができたかが評価される。そこで，インベストメント・センターでは，**事業部使用資本利益率**（Return on Investment：ROI）や，**残余利益**（Residual Income：RI）による評価が行われる。

X事業部とY事業部という2つの事業部の業績評価を行っているとしよう。X事業部とY事業部の利益額は全く同じであるが，その利益を稼ぎ出すために使用された資本は，X事業部はY事業部の倍であった。このとき，プロフィット・センターであれば，両事業部の利益額が全く同じである以上，同等に評価される。プロフィット・センターは，前述のように単年度の利益に対する権限と責任を持っているが，原則として使用資本の規模を決定する権限を有していないからである。しかし，インベストメント・センターは，利益額のみならず，使用資本についても意思決定をする権限を持っており，長期的な視点での意思決定が求められる。またインベストメント・センターが使用資本に関する意思決定を行うため，全社的にいえば，インベストメント・センターへの「投資」をしているとも考えられ，その投資に見合った利益を挙げられているかが評価の対象となる。そのため，単年度の利益額だけで評価するのではなく，利益額と使用資本の両方を加味した評価を行う必要があり，ROIによる評価が行われる。ROIとは，**使用された資本に対してどの程度の利益を生み出したのかを示す指標**であり，以下のように計算される。

$$\text{ROI} = \frac{\text{利益}}{\text{使用資本}}$$

この式を見るとわかるとおり，ROIによってX事業部とY事業部を評価するとき，利益額が同じであれば，使用資本の少ないY事業部の方が高く評価される。このように使用資本の効率性を考慮した評価を行う一つの方法がROIである。ROIは使用資本に見合った利益が上がっているのかどうかを判

断することから、分子の利益には、事業部損益計算書の事業部利益を用いる。一方で、分母の使用資本には、事業部が利用した資本を用いる[2]。

　ROIによる業績評価には、2つの点で注意が必要である。一つは、管理者の短視眼的な意思決定を促す点である。ROIを向上させるためには、利益や使用資本を増加させたり、減少させたりする組み合わせを考えることになる。競争が激しいビジネス環境で事業を営むとき、ROIを向上させるために、利益を高めるのではなく、使用資本を減少させるという行動が選択される恐れがある。例えば、使用資本に含まれる資産を売却したり、設備投資や新製品開発などを延期、中止したりすれば、投下資本は減少することになるので、ROIを向上させることができる。しかし、持続的な経営という観点からは不適切な行動といえる。設備投資や新製品開発などを適切に行うことで、次なる利益を生み出せるからである。このように、ROIによる業績評価は、短視眼的な意思決定を促す恐れがある。

　もう一つは、全社最適が犠牲にされることがあるという点である。新たな投資プロジェクトを検討するとき、事業部のROIを向上させるかという点から意思決定が行われる。そのため、企業が期待する資本コスト[3]以上の利益率が期待されるような投資プロジェクトであったとしても、事業部のROIを下げるのであれば投資を行わないという決定がなされる。この意思決定は事業部の最適化という点では適切かもしれないが、全社としての最適化にはつながらない。このように、ROIによる業績評価は、部分最適化を促す恐れがある。

　これらの業績評価をROIに行うことによって生じうる問題を解消する方法として残余利益による評価がある。残余利益とは、**事業部の損益計算で得られる利益から、その利益を生み出すために使用された資本を調達するのにかかるコスト（資本コスト）を引いても残っている利益**であり、次のように計算される。

---

[2] なお利益を生み出すのは期首や期末時点の使用資本というよりも期中に利用されている資本と考えるべきなので、期首と期末の平均である期中平均使用資本額が用いられる。

[3] 資本コストは**第4講**で説明したように「率」を示すこともあるし、「額」を示すこともある。この講では「資本コスト率」と額としての「資本コスト」を明示的に区別している。

112　第8講　業績評価

> 残余利益（RI）＝ 事業部利益 － 資本コスト

　この残余利益を求める式において，資本コストは，事業活動を行うために使用されている資金の調達にかかる費用であり，株主に対して支払う配当金や，負債によって資金を調達する際に支払う利子や手数料などを指す。この資金調達にかかる費用は，企業が最低限獲得を要求される利益額であるため，残余利益の式は次のように書き換えることができる。

> 残余利益（RI）＝ 事業部利益 － 使用資本 × 要求使用資本利益率
> 　　　　　　　　　　　　　　　　　　　　　　（資本コスト率）

　この式からわかるように，残余利益がプラスであれば，使用資本に必要となる費用を上回る利益を挙げていて事業部運営が成功していること，残余利益がマイナスであれば，使用資本にかかる費用よりも少ない利益しか挙げておらず事業部運営が失敗していることになる。残余利益による業績評価を行うとき，利益の増大に関心を向けられることから，ROI を下げるような投資プロジェクトであったとしても利益を高められるのであれば投資を行うという意思決定がなされる。つまり，ROI を用いた業績評価によって生じうる問題を解消し，全体最適につながるような意思決定が期待される[4]。

　以上の内容について設例を用いて確認をしておこう。

設例8-1

　当社では，レストラン事業および洋菓子の製造・販売事業を行っている。これらの事業はインベストメント・センターである事業部が運営している。各事業の直近1年間の業績データは資料のとおりであった。当社の資本コスト率は8％であった。

---

[4] 残余利益の一種として EVA® と呼ばれる業績指標がある。EVA® は，Stern Stewart & CO.（現 Stern Value Management, Ltd.）により開発された指標であり，税引後営業利益（Net Operating Profit After Tax：NOPAT）から資本コストを差し引いて計算される。

8.3 事業部制組織の業績評価　113

（資料）

	レストラン事業	洋菓子事業
売上高	21,000万円	35,000万円
変動費	7,500万円	15,000万円
管理可能個別固定費	3,500万円	2,000万円
管理不能個別固定費	2,500万円	4,000万円
本社費・共通費配賦額	1,000万円	3,000万円
使用資本	20,000万円	62,000万円

問1　各事業部の ROI を求めなさい。なお，算定に使用する利益には事業部利益を用いること。

①レストラン事業

事業部利益＝21,000万円－7,500万円－3,500万円－2,500万円
　　　　＝7,500万円

ROI＝7,500万円÷20,000万円＝37.5％

②洋菓子事業

事業部利益＝35,000万円－15,000万円－2,000万円－4,000万円
　　　　＝14,000万円

ROI＝14,000万円÷62,000万円≒22.6％

問2　各事業部の残余利益（RI）を計算しなさい。

①レストラン事業

事業部利益＝7,500万円（問1参照）

残余利益＝7,500万円－20,000万円×8％＝5,900万円

②洋菓子事業

事業部利益＝14,000万円（問1参照）

残余利益＝14,000万円－62,000万円×8％＝9,040万円

問3　レストラン事業では新たにテイクアウト専門店を運営する投資案を検

114　第8講　業績評価

討している。その投資額は 4,000 万円であり，追加で 1,200 万円の事業部利益が見込まれるとき（そのほかの条件は変わらないものとする），ROI を用いて判断しなさい。

レストラン事業部
①現行
　ROI＝7,500 万円÷20,000 万円＝37.5％
②投資案実行後
　ROI＝（7,500 万円＋1,200 万円）÷（20,000 万円＋4,000 万円）
　　　≒36.3％
企業全体
①現行
　ROI＝（7,500万円＋14,000万円）÷（20,000万円＋62,000万円）
　　　≒26.2％
②投資案実行後
　ROI＝（7,500 万円＋1,200 万円＋14,000 万円）÷（20,000 万円
　　　＋4,000 万円＋62,000 万円）≒26.4％

　これらの結果からは，レストラン事業の事業部長としては，投資を実行すると ROI が 37.5％ から 36.3％ に低下するため，投資は実行すべきではないと判断することになる。

　しかし，企業全体で考えると，これとは異なる判断がなされる。なぜならば，投資を実行することで ROI が 26.2％ から 26.4％ に上昇するからである。

問4　問3の例を残余利益を用いて判断しなさい。

レストラン事業部
①現行
　RI＝7,500 万円－（20,000 万円×8％）＝5,900 万円

② 投資案実行後

$$RI = (7,500万円 + 1,200万円) - (20,000万円 + 4,000万円)$$
$$\times 8\% = 6,780 万円$$

<u>企業全体</u>

① 現行

$$RI = (7,500万円 + 14,000万円) - (20,000万円 + 6,2000万円)$$
$$\times 8\% = 14,940 万円$$

② 投資案実行後

$$RI = (7,500 万円 + 1,200 万円 + 14,000 万円)$$
$$- (20,000 万円 + 4,000 万円 + 62,000 万円) \times 8\%$$
$$= 15,820 万円$$

これらの結果からレストラン事業部長はRIによって投資判断をするならば，投資を実行すべきとなり，企業全体での判断と一致する。したがってRIを用いることで，ROIを用いることで起きた部分最適と全体最適の不一致を防ぐことができる。

これは前述したように，ROIを用いて業績評価を実施するとき，全社最適を犠牲にして，事業部の最適化を促す恐れがあることを示している。

8.4 業績評価制度の設計

8.4.1 本社費・共通費の配賦

業績評価を行うための仕組みを設計する上で検討すべき事項が2つある。一つは，**本社費・共通費の配賦額の決定方法**である。本社費・共通費は，サービスの利用量などをもとにして特定の事業部に賦課することができる部分と，何らかの基準を設定することによって事業部に配賦すべき部分に分けられる。業績評価において問題となるのは後者である。本社費・共通費の配賦基準の選択や配賦方法によって配賦額が変化し，事業部純利益を増減させる

116 第8講 業績評価

からである。そこで，いかに事業部が納得するような配賦計算を設計するか
が重要になる。まず，配賦基準については，各事業部の特性によって自部門
に有利となるような配賦基準が異なる可能性があり，すべての事業部が納得
するような配賦基準を選択するのは困難である。そのため，売上高，使用資
本，従業員数など，事業部の規模に関わるものが使われるのが一般的である。
　次に，配賦方法については予定一括配賦が望ましい。このことを設例を用
いて検討してみよう。

設例8-2

　当社では，鉄道事業とバス事業を行っている。各事業の売上高に関する
予算と実績は資料のとおりである。本社費・共通費は8,000万円であり，
売上高を基準に配賦を行うとき，各事業に配賦される本社費・共通費はい
くらか。

（資料）

	鉄道事業	バス事業
予　算	6,000万円	4,000万円
実　績	4,000万円	4,000万円

　まず，予算時における本社費・共通費の配賦額は，配賦率（配賦基準1単
位当たりの配賦額）と配賦基準となる数値の積によって求められることから，
次のように計算される。

　配賦率
　　8,000万円÷（6,000万円＋4,000万円）＝0.8万円
　配賦額
　　鉄道事業部　0.8万円×6,000万円＝4,800万円
　　バス事業部　0.8万円×4,000万円＝3,200万円

　次に，実績に基づいて配賦計算を行う。バス事業は予算どおりの実績であ
るのに対して，鉄道事業は予算を下回る実績であった。これを反映した実際
配賦を行うと，次のように計算される。

> 配賦率
> 8,000万円 ÷（4,000万円 + 4,000万円）= 1万円
> 配賦額
> 鉄道事業部　1万円 × 4,000万円 = 4,000万円
> バス事業部　1万円 × 4,000万円 = 4,000万円

　予算額と実際額を見比べると，バス事業は予算どおりの実績であったにもかかわらず配賦される本社費・共通費の金額が大きくなっていることがわかる。これは，鉄道事業が予算よりも売上高が低くなったことで，売上高1万円あたりの配賦額（配賦率）が増加したことに起因する。バス事業部は，鉄道事業部の売上の増減に影響を及ぼすことができないのとすれば，管理不能な要因によって事業部純利益の減少を招くことになる。つまり，管理不能な部分を配賦額に反映させることは業績評価を歪めることになる。以上のことから，予算編成時に計算された配賦額をそのまま本社費・共通費として固定してしまう予定一括配賦が合理的と考えられる。

8.4.2　振替価格

　業績評価の仕組みを設計する際のもう一つの検討事項は，**振替価格の設定**である。**振替価格**とは，事業部間で製品や半製品の取引が行われるときの価格を指す。どのように振替価格を設定するかによって，販売する側の事業部は売上高，購入する側の事業部はコストがそれぞれ変化するため，利益額に影響を及ぼす。振替価格の設定方法には，大きく分けると3つの方法がある。

　第1は，**市価基準**である。これは，事業部間で取り引きされる製品や半製品そのもの，もしくはその類似品の外部市場が存在するとき，市価に基づいて振替価格を設定するという方法である。プロフィット・センターあるいはインベストメント・センターとして運営される事業部においては，供給する事業部，購入する事業部のいずれかが有利になるような恣意的な振替価格は適切ではない。その点，市価基準は客観的な振替価格が設定されるため，業績評価の妥当性を確保しやすい。

　第2は，**原価基準**である。これは，事業部間で取り引きされる製品や半製

品の原価をベースとして振替価格を設定する方法である。この方法は，常に市価が得られるとは限らない場合に採用される。原価基準には，製造原価そのものを利用する場合と，そこに一定のマージンを上乗せする場合がある。ここでの製造原価には作業能率を判断する尺度となるように設定された単位当たり原価（原価標準）に実際の生産量を掛け合わせることによって計算される標準原価が用いられる。製品製造に実際にかかった原価（実際原価）を用いると，供給する事業部の非効率も反映された金額となってしまい，購入する側がそれを負担することになってしまうからである。

　第3は，**交渉価格基準**である。これは，供給する事業部と購入する事業部の間の交渉によって振替価格を設定する方法である。供給する事業部は変動原価以上の振替価格，購入する事業部は市価以下の振替価格でないと交渉は成立しないことになる。振替価格と変動原価，市価との差額が実質的に各事業部の利益として計上されることになるため，交渉が成立しない場合には，上司の裁量によって決定される。

　このような振替価格の設定をめぐっては，いずれの方法を採用したとしても事業部間の駆け引きが起こることが予想される。業績評価の妥当性という観点からは，とりわけ購入する事業部が振替価格に納得できない場合に，取引を拒否する**忌避宣言権**を与えるかどうかも検討すべきである。交渉価格基準の場合，忌避宣言権を与えることで，妥当な数値で交渉が成立するともいわれる。なぜならば，買い手と売り手の双方のみが交渉の相手ではなく，外部にも交渉のチャンスがあることで，お互いに妥当な数値を模索することが求められ，また自組織の技術力などを高めるきっかけにもなるからである。しかし，全体最適を考慮するとき，あるいは，経営戦略上育成が必要な事業部ではあるが，十分な利益を獲得できるようなコスト構造になっていないときには，上司の裁量によって忌避宣言権を認めないことも検討する必要があるだろう。

8.4 業績評価制度の設計 119

●練習問題●

問1　当社では家電事業および PC 事業を展開しており，インベストメント・センターである事業部がそれぞれの事業を担っている。当社および各事業に関する情報は資料のとおりである。当社の資本コスト率は 8％であった。

（資料）事業部の財務データ

	家電事業	PC 事業
投下資本（期首）	600,000 千円	280,000 千円
投下資本（期末）	620,000 千円	320,000 千円
事業部利益	67,100 千円	27,900 千円

(1)　各事業部の ROI はいくらか。

(2)　各事業部の残余利益（RI）はいくらか。

問2　残余利益の一種である EVA® について，実際の企業でどのように利用されているのかを調べなさい。

【推薦文献】

Stewart, G. B. III（1990）*The Quest for Value*, Harper Business.（河田剛・長掛良介・須藤亜里訳（1998）『EVA［経済付加価値］創造の経営』東洋経済新報社）

鳥居宏史（2014）『事業部制の業績測定』中央経済社。

吉田栄介（2021）『実践 Q & A　KPI マネジメントのはなし』中央経済社。

第9講

非財務業績評価

そもそも業績という言葉から何を思い浮かべるだろうか。特に企業の業績というと，多くの場合は売上高や利益などを思い浮かべるのではないだろうか。こうした売上高や利益，あるいは前講にて紹介している ROI などは**財務業績**と呼ばれ，主に組織活動の結果を表す。これら財務業績を測定する財務指標は結果指標や，結果という「過去」を表すという意味で遅行指標などとも呼ばれる。

業績を英訳すると performance という単語が出てくる。performance は業績や成績のほかに演技や実行など日本語の「業績」よりも広い意味を持つ。performance には結果だけでなくその結果をもたらす原因やプロセスも含まれるのである。本講で取り扱うのは，まさしくこうした結果を導くさまざまな事象である。すなわち，**非財務業績**は，**結果の原因となる行動やプロセス**を示す。そのため，非財務指標はプロセス指標や，結果という過去に先立つという意味で先行指標とも呼ばれる。

9.1 非財務業績評価の意義

業績評価の際になぜ，非財務業績を考慮する必要があるのか。それは，財務指標のみによる業績評価には限界があるからである。財務指標は上述したように組織活動の結果を表す。言い換えれば，財務指標のみでは組織活動の

結果しか見ることができない。この結果のみに着目するということが一つの限界である。結果だけを見るということは，結果が生み出されるプロセスを（ほとんど）見ないことと同義である。結果が生み出されるには必ず原因が存在するため，それを軽んじると組織の利益や成長につながらない。「顧客ニーズ」や「顧客満足度」などが想像しやすいだろうか。顧客ニーズの変化を無視したまま製品やサービスを展開すれば，遠からぬうちに製品・サービスは顧客に購買されなくなり，最終的に利益の低下につながるだろう。また，顧客満足を度外視すれば仮に製品やサービス自体がよくとも，顧客離れを引き起こすことは想像に難くない。このように財務指標の先行指標として非財務指標を見ることの価値は大きい。

　もう一つの問題として従業員の行動に与える影響がある。財務指標のみに基づいて評価しようとすると，組織全体の利益を犠牲にして，個人の利益を優先する可能性がある。前講の例のように，事業部長が自分の部門のROIのみを考えて，組織全体にとって効果的な投資を回避するような意思決定や，他部門の利益を害するようないわゆるカニバリゼーションなどの部分最適行動を引き起こす可能性がある。

　さらに，財務目標の達成に圧力がかけられることで「目標達成のためには手段を選んでいられない」といった考えに陥り，不正な手段によって財務業績を向上しようとしたり，財務情報を改ざんするといった非倫理的行動を引き起こす危険性もある。こうした非倫理的行動は実際に起きており，不正会計（不適切会計）問題としてメディアで見かけたこともあるのではないだろうか。

　とはいえ特に営利組織の目標は利益の獲得である。そのため，非財務指標は財務指標の代替としてではなく，**財務指標のみによる業績評価の限界を補う業績評価指標**として扱われる。また，NPO，教育機関，医療機関などの非営利組織においては，必ずしも**利益を上げること**が目的となってないため，財務指標よりも非財務指標による業績評価が重要になる。

9.2 代表的な非財務指標

　財務指標とは異なり，非財務指標には相当な種類がある。しかも組織によって考慮すべき非財務指標は違う。営利組織と非営利組織ではもちろんのこと，営利組織であっても，例えば製造業かサービス業かなど業種の違いによって重要となる非財務指標は大きく異なる。

　図表9.1 には非財務指標の一例を記載しているが，これらすべての指標をすべての組織が利用しているわけではないし，推奨されるわけでもない。ある事象を測定するには相応のコストがかかるためである。もちろん，どの非財務指標を利用するか，つまり何を測定するかによってかかるコストはまちまちである。だが，少なくとも非財務指標を利用するためにはそこに意味がなければならない。そしてその意味として，非財務指標が財務業績の先行指標となるかどうか，つまり非財務指標が測定している事象によって財務業績を（ある程度）予測できるか否かが重要である。

　そこで，ここでは特に取り上げられることの多い顧客関連指標と従業員関連指標について，財務業績の先行指標となりうるか否か，先行研究を踏まえて紹介する。

図表9.1　非財務指標の種類と具体例

	具体例
顧客関連	顧客満足度，顧客ロイヤルティ
従業員関連	従業員満足度，従業員の離職率，研修回数
業務プロセス関連	生産性，リードタイム，サイクルタイム
品質関連	不良品数（率），返金・返品数（率）
環境関連	環境汚染指数，環境法令遵守
イノベーション関連	新製品開発の数（率），開発期間
社会関連	公的イメージ，地域社会への参加

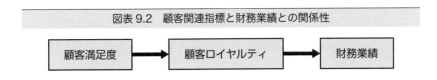

図表 9.2　顧客関連指標と財務業績との関係性

9.2.1　顧客関連指標

　顧客関連指標は，業績評価指標として採用されることの多い非財務指標の代表格である。これが理由の一つともなり，顧客関連指標に関する研究も数多く行われている[1, 2]。

　顧客関連指標といってもさまざまだが，特に聞き馴染みの深い指標は，**顧客満足度**ではないだろうか。顧客満足度とは，顧客が期待する製品・サービスを提供できているかどうかである。顧客満足度について検討した有名な研究がある[3]。彼らは顧客満足度が財務業績の先行指標となるか否かについて分析している。彼らの研究では，顧客満足度の向上は**既存顧客の維持**などを通じて，将来の財務業績の向上を導くことが示されている。つまり，顧客満足度は重要ではあるが直接的に財務業績を向上させるのではなく，あくまで間接的に向上させる。

　既存顧客の維持と関連性が深い指標が**顧客ロイヤルティ**である。顧客ロイヤルティとは，製品・サービス，あるいは組織やブランドに対する顧客の信頼や愛着を指し，再度その製品・サービスを購買したいという利用意向と他者へ薦めたいという推奨意向とによって構成される[4]。すなわち，顧客満足度の向上は顧客ロイヤルティの向上を通じて組織の将来便益を増大させるのである（図表9.2）。

　しかしながら，顧客満足度がある一定以上の場合には，既存顧客の維持のためにかかるコストを超えた将来便益を認識することは難しいともいわれて

---

[1] 顧客関連指標（特に顧客満足度と顧客ロイヤルティ）と財務業績との関係性は主に会計学分野とマーケティング分野で研究が行われている。
[2] 特にホテル等いわゆるホスピタリティ産業を対象とした研究やサービス業を対象とした研究が盛んに行われている。
[3] Ittner and Larcker (1998)
[4] Reichheld (1993)

いる。特に顧客ロイヤルティは顧客満足度以外にもブランド力やトレンドなど組織内外の多様な要因に影響を受ける。したがって，顧客満足度は財務業績を導く先行指標となりうるが，顧客満足度への過信には留意すべきである。

9.2.2 従業員関連指標

　顧客関連の非財務指標はいわば組織外部に目を向けたものである。一方で，組織内部もおろそかにしてはならない。しばしば例に出されるのは従業員である。近年では「人財」として従業員の重要性を再認識する組織も増えている。顧客へ提供する製品・サービスを生み出し，利益などの結果に結びつけるのは従業員の働きによるということはいうまでもないだろう。そのため従業員満足度など従業員に目を向けた**従業員関連指標**の利用も重要と考えられている。しかしながら，従業員関連指標が財務業績の先行指標とならなければ測定する意義は薄くなる。はたして，従業員関連指標は財務業績につながるのだろうか。

　従業員関連指標について，ある組織を対象とした調査によると従業員満足度が1％低下すると顧客満足度が0.25％低下すると示されている[5]。つまり従業員満足度と顧客満足度には，何かしらの関係性がありそうである。それではどのような関係があるのか。この点について，従業員が満足すれば（従業員満足度の向上），それは従業員の提供するサービスの質の向上へとつながり，結果として顧客満足度を向上させるといわれている[6]。顧客満足度が向上した結果として，財務業績が向上するかについても検討した研究では，あるホテルを対象とした調査・分析の結果，従業員満足度はサービスの質および顧客満足度を媒介して財務業績（稼働可能客室当たり粗利益）へとつながることを示している（**図表9.3**）[7]。

　顧客関連指標と従業員関連指標の関係に見てとれるように，それぞれが財務業績の先行指標となりうるのみならず，非財務指標間にも関係性がありそうである。こうした多様な非財務指標および財務指標との関係性に着目した

---

[5] Neely and Al Najjar（2002）

[6] Brown and Lam（2008）

[7] 鈴木・松岡（2014）が Brown and Lam（2008）の研究を発展させた結果である。

図表9.3 従業員関連指標と財務業績との関係性

(出典) 鈴木・松岡 (2014), p.10をもとに筆者加筆修正

業績評価システムのフレームワークが存在する。以降では当該フレームワークについて見ていこう。

9.3 バランスト・スコアカード (BSC)

9.3.1 バランスト・スコアカード (BSC) とは

バランスト・スコアカード (Balanced Scorecard：BSC) とは, 財務および非財務指標を用いてビジョンや戦略の (成功裏な) 実行を支援することを目的とした業績評価システムの代表的なフレームワークの一つである。

現在では当たり前に非財務指標が検討, 利用されるが, 1980年代頃までは短期的利益を追い求め, 財務指標のみによる業績評価を行うことが主流であった。こうした短期的利益重視および株主のみを重視した経営からの脱却を背景に, 1992年にハーバード・ビジネス・スクールのキャプラン (Kaplan, R. S.) とコンサルタントのノートン (Norton, D. P.) が BSC を提唱したのである。

BSC は, 組織を取り巻くさまざまなステークホルダーの視点を取り込み, より長期目線での経営を支援することを意図している。とはいえ BSC は短期の利益や株主価値を軽んじているわけではない。その名にあるとおり, 短期と長期のバランスや株主を含めたステークホルダー間のバランスなどさまざまなバランスをとることを企図している。

また, キャプランとノートンが一連の著書の中で再三強調しているのは, 戦略の実行である。当時は戦略の策定は重視されながらも, 戦略をいかにして実行するか, いかにして成功させるかに焦点を当てられることは少なかっ

た。戦略はありながらも，（目先の）利益を追い求め，いつしか当初思い描いていた道から外れてしまう。そうした負のスパイラルから脱却するために，BSC では組織に戦略を浸透させることが意識されている[8]。

9.3.2　BSC の 4 つの視点

本講のテーマである非財務指標についても財務指標とのバランスを考えて設定されるが，財務と非財務といったように大きく 2 分するのではなく，4 つの視点からとらえることが BSC の特色である。

4 つの視点とは，**財務の視点**，**顧客の視点**，**内部ビジネス・プロセスの視点**，**学習と成長の視点**である。

財務の視点では，株主が組織に何を期待しているかといった視点から経営活動の成果としての財務目標を検討する。指標となる財務指標は売上や利益といった損益計算書上の項目のみならず，前講でも紹介した ROI や残余利益（RI）といった指標も設定される。

次いで**顧客の視点**であるが，その名のとおり，顧客に対して何を提供すべきか，顧客のニーズをとらえ，その対応を思案することが求められる。指標としては顧客満足度や顧客ロイヤルティなどの顧客関連指標を設定すべきだろう。

財務の視点，顧客の視点は比較的わかりやすく，背後に存在するステークホルダーも想像しやすい。では**内部ビジネス・プロセスの視点**はどうだろうか。内部ビジネス・プロセスの視点では，株主や顧客を満足させるために業務プロセスのどこを充実させ，どのように改善するかを示す。すなわち，ここでは財務や顧客の視点での目標を達成するために必要となる活動を思考する。そのため，業務プロセスの効率・効果や製品・サービスの品質に関わる指標が設定される。ステークホルダーとしては，株主や顧客の他にサプライヤーなど取引関係のある組織も想定されよう。

---

[8] Kaplan and Norton（2001）は，特に戦略志向の組織づくりを目指しており，BSC によって戦略志向の組織体となる 5 つの原則を機能させることを狙っている。5 つの原則とは，①戦略を現場の言葉に置き換える，②組織全体を戦略に向けて方向付ける，③戦略を全社員の日々の業務に落とし込む，④戦略を継続的なプロセスにする，⑤エグゼクティブのリーダーシップを通じて変革を促す，である。

9.3 バランスト・スコアカード（BSC）　　**127**

　最後に**学習と成長の視点**である。この視点では戦略の成功裏な実行のために必要となる能力とは何かを特定し，必要となる経営資源の充実を思考する。特定のスキルにせよ，組織風土にせよ従業員を軸に考えることができるため，従業員関連指標が設定されることが多い。他には組織内のインフラ整備なども含まれる。

　これら4つの視点はバランスをとって業績評価指標が設定されるが，どの視点をどれだけ重視するか，そのウエイトは必ずしも1対1の関係とはならないことに注意が必要である。組織を取り巻く環境などさまざまな要因によって，4つの視点間の理想的なバランスは異なるし，組織内部であってもどのような部門であるか部門特性や業務内容に応じて調整することが必要である[9]。

9.3.3　重要成功要因，業績評価指標と目標値，戦略的実施項目

　BSC では戦略について4つの視点から体系的に整理し，具体的なアクションを識別して管理する。すなわち，4つの視点に単に業績評価指標を設定するだけでなく，それぞれに重要成功要因，業績評価指標とその目標値，戦略的実施項目を設定することでBSC は効果を発揮する。**図表9.4**は重要成功要因，業績評価指標，戦略的実施項目についてその具体例を示している。

　まず，**重要成功要因**とは戦略を成功裏に実行するために何を達成しなければならないかを示したものであり，戦略目標ともいわれる。財務の視点では，組織活動の具体的な成果として，株主が何を期待しているかを検討する。顧客の視点であれば，顧客を惹きつけ関係性を維持するためには顧客に何を提供しなければならないかを思案する。内部ビジネス・プロセスの視点は，財務の視点および顧客の視点の戦略目標を満たすための要件となる。そして学習と成長の視点は，上記3つの基盤となる能力とは何かを検討することとなる。

---

[9]　例えば横田・妹尾（2010a；b）では，生産部門長の業績評価と営業部門長の業績評価とでは異なったウエイト付けがされている事例が示されている（生産部門長は財務：顧客：内部ビジネス・プロセスと学習と成長＝2：1：7であるのに対して，営業部門長は財務：顧客：内部ビジネス・プロセスと学習と成長＝4：2：4である）。

第9講　非財務業績評価

図表9.4　重要成功要因，業績評価指標，戦略的実施項目の例

視　点	重要成功要因	業績評価指標	戦略的実施項目
財　務	▪収益基盤の強化	▪売上高 ▪利益率 ▪ROI ▪残余利益（RI）	▪プレミア製品の販売拡大 ▪主製品以外の販路拡大
顧　客	▪顧客ロイヤルティの獲得	▪顧客満足度調査結果 ▪業界シェア	▪迅速な販売 ▪丁寧な接客 ▪アフターサービスの充実
内部ビジネス ・プロセス	▪製品提供プロセスの質の 　向上	▪リードタイム ▪欠品数（率） ▪サプライヤー評価	▪納期遵守 ▪在庫管理の徹底 ▪サプライチェーンの意識
学習と成長	▪やる気のある優秀な従業 　員の育成	▪社内アンケート結果 ▪研修回数 ▪資格取得率	▪組織風土の浸透 ▪研修の充実

　次いで業績評価指標について，図表9.4にも示しているとおり，その数は各視点1つに限られているわけではない。戦略目標（重要成功要因）が達成できたか否かを測定，分析，評価することが重要であり，そのためにいくつかの指標を設定することもある。しかしながら，業績評価指標を設定しただけではどこまでやればいいのかがわからない。人は具体的な目標がなければ動けないものである。そのために，戦略が成功したといえる程度に目標値を設定することが重要となる。

　重要成功要因によって戦略の成功のために何を達成しなければならないかが示され，業績評価指標とその目標値を設定することで進むべき方向性が示される。それではどのような行動が必要となるのだろうか。具体的なアクションを示すのが戦略的実施項目である。

　このように視点ごとに，何のために，何を，どれだけ，どのように行えばよいのかを示すことで，戦略を策定する組織トップのみでなく，現場従業員にも戦略の理解を促進することができるようになる。

9.3.4　縦の因果連鎖

　BSCにおける4つの視点はそれぞれ独立しているのではなく，戦略を説明，実行するための一連の関係性を持つ。これを縦の因果連鎖といいBSCを

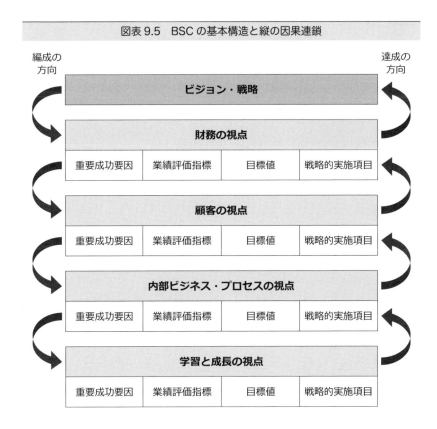

図表9.5 BSCの基本構造と縦の因果連鎖

説明する際には必ず挙げるべき特徴の一つである（図表9.5）。

　BSCでは組織として求められる最終成果として財務目標を置き，それを導くための行動（プロセス）を検討する。すなわち，BSCは財務の視点から戦略の成功といえる財務目標を設定し，それを達成するためには顧客の視点，内部ビジネス・プロセスの視点，学習と成長の視点で何を達成しなければならないかというように，トップダウンの形式で編成される。

　このような縦の因果連鎖を通じて非財務指標を財務指標に変換することがBSCの大きな利点である。営利組織であれば最終目標は利益など財務業績を上げることである。しかし，組織の中には直接的には財務業績に関わらない部門も存在する。BSCではそうした非財務部門の行動と結果（非財務業績）

130 第9講 非財務業績評価

が財務業績にどのようにして貢献するのか，そのロジックを説明しているのである。財務業績に直接関係しない従業員にも，戦略における自身の活動の重要性を伝達することができ，従業員のモチベーションの向上にもつながる。

9.3.5 戦略マップ

BSC のそもそものねらいは長期的な視点から企業価値を創造するために幅広くバランスのとれた一連の指標をトップ・マネジメントに提供することであり，その意味で BSC は財務および非財務指標を包括的に設定した業績評価システムであった。しかしながら，現在ではその役割を広げて戦略マネジメント・システムといわれている。その理由には，戦略を現場の言葉に置き換え，戦略とその実現プロセスを見える化する工夫を凝らすよう進化してきたことが挙げられる。その最たる例が戦略マップである。キャプランとノートンは著書の中で，戦略マップとは戦略を記述・実行するための論理的で包括的なフレームワークと説明している（Kaplan and Norton, 2001）。より簡便に戦略マップの特徴を示すならば，4つの視点間の因果関係を視覚的にわかりやすく描きなおしたものであり，適切に構築されているのであれば戦略がどのように成し遂げられていくかを完全かつ論理的に表現してくれる。

ここまで説明してきた BSC はあくまでもスコアカード（表）であり，戦略を実行するための重要成功要因や業績評価指標，戦略的実施項目が列挙されているに過ぎない。もちろん，先述のとおり戦略の成功裏な実行を念頭に置き，4つの視点の因果連鎖を意識して作り込むが，（視覚的に）列挙されたのみであれば結局のところ各視点にフォーカスしてしまい，他の視点との因果連鎖や戦略実行のロジックへの意識が希薄になってしまう。そこで，戦略マップを作成することで，組織内の誰が，何をすることで，誰のためになるのか，それが将来組織業績にどのように貢献するのかを視覚的にとらえることができるため，より戦略達成のプロセスがわかりやすくなる。

図表9.6 は，戦略マップの標準的なテンプレートとされるもの（Kaplan and Norton（2001），訳書 p.132（図表3.15））をもとに筆者が作成した戦略マップの例である。戦略マップは戦略を表現するのに役立つだけでなく，BSC の論理をさかのぼり戦略を演繹することで BSC の質を評価することにも役立つ。

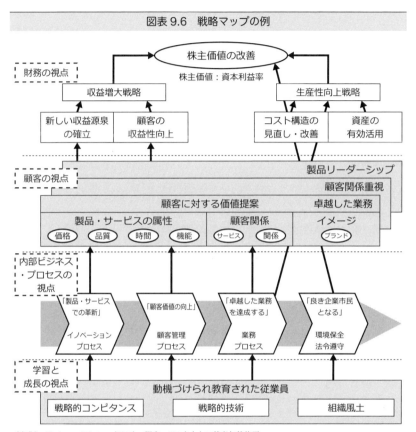

(出典) Kaplan and Norton（2001），訳書 p.132 をもとに筆者加筆修正

4つの視点における戦略目標（重要成功要因），業績評価指標とその目標値，戦略的実施項目が適切であるか，そして4つの視点間に因果連鎖が存在するかを確認することに役立つのである。その過程で株主（財務の視点）や顧客（顧客の視点）にどのような価値を提案するかを正確に定義すると共に，業務プロセスや従業員のスキル，組織能力，風土といった無形の資産が価値提案と結びついていなければならないという認識を強く持たせる。

9.4 業績評価制度の適用

　前講と本講にわたって業績評価とその仕組みについて紹介してきた。業績評価は営利組織を中心に展開されてきたが，必ずしも営利組織のみで実施されるわけではない。自治体などの行政機関や大学などの教育機関，病院などの医療機関においても業績評価は行われる。BSCも例外ではなく，キャプランとノートンによる一連の著書では非営利組織への導入事例も多数紹介されている。

　前講も含めて留意すべきことは，活動やその結果の測定・評価は手段であって目的ではないということである。本講で紹介した非財務指標（特に顧客関連指標，従業員関連指標）やBSCはその手段のほんの一例に過ぎない。昨今，実務においても特に重要な指標に目を向け（させ）ることを目的としてKPI（Key Performance Indicator，重要業績評価指標）を設定することがトレンドにもなっているが，どんなに優れた指標やフレームワークであっても，組織を特徴づける数多の要因によって適切とはならない可能性もある。適切な指標を設定しなければ，かえって組織を誤った方向へと誘導してしまう。ここで強調するのは，あくまでも目的は戦略の（成功裏な）実行であり，そこへ従業員を方向付ける手段として業績評価があるということである。したがって，業績評価指標を検討する際には，組織の戦略を実現するためにはどのような業績評価指標が有用であるか，言い換えれば戦略の成否を真に反映しうる業績評価指標とは何かを考えるべきである。

●練習問題●

問1　財務業績と非財務業績の違いについて簡潔に述べなさい。

問2　財務指標のみによる業績評価の限界について簡潔に述べなさい。

問3　バランスト・スコアカード（BSC）はどのような仕組みであるか。「考案された背景」および「BSCの特徴」に触れながら説明しなさい。

【推薦文献】

吉川武男訳（1997）『バランス・スコアカード――新しい経営指標による企業変革』
生産性出版。(原著 Kaplan, R. S., and D. P. Norton(1996) *The Balanced Scorecard: Translating Strategy into Action*, Boston, MA: Havard Business School Press)

櫻井通晴監訳（2001）『キャプランとノートンの戦略バランスト・スコアカード』
東洋経済新報社。(原著 Kaplan, R. S., and D. P. Norton (2001) *The Strategy-Focused Organization: How Balanced Scorecard Companies Thrive in the New Business Environment*, Boston, MA: Harvard Business School Press)

櫻井通晴・伊藤和憲・長谷川惠一監訳（2005）『戦略マップ』ランダムハウス講談
社。(原著 Kaplan, R. S., and D. P. Norton(2004) *Strategy Maps: Converting Intangible Assets into Tangible Outcomes*, Boston, MA: Harvard Business School Press)

櫻井通晴・伊藤和憲監訳（2007）『BSC によるシナジー戦略――組織のアライン
メントに向けて』ランダムハウス講談社。(原著 Kaplan, R. S., and D. P. Norton (2006) *Alignment*, Boston, MA: Harvard Business School Press)

櫻井通晴・伊藤和憲監訳（2009）『バランスト・スコアカードによる戦略実行のプ
レミアム』東洋経済新報社。(原著 Kaplan, R. S., and D. P. Norton (2008) *The Execution Premium: Linking Strategy to Operations for Competitive Advantage*, Boston, MA: Harvard Business School Press)

第10講
インセンティブと報酬

　第8講と第9講では，戦略目標の達成責任と評価を紹介してきた。本講では，マネジャーあるいは従業員に，高い評価を得るための行動を生じさせるための一連の仕掛けともいえる，**インセンティブ**と**報酬**を話題にする。

　インセンティブと報酬について検討するに際して，私たちはどこまでのことを視野に入れ，どこに留意し，どのように行動を組み立てていくべきだろうか。

10.1　「インセンティブ」と「報酬」の概念

　本節ではまず，インセンティブ，そして報酬とは，いったい何であるのかを探ることから始める。

　私たちの日常の社会生活において，インセンティブと報酬は意味的には近接した言葉である。本書でも他の講では，インセンティブと報酬をほぼ同じ意味で用いている箇所もある。管理会計の文脈での言葉の存在感としては，報酬よりもインセンティブの方が優勢で，インセンティブのツールの一つとして報酬があると考える論者も少なくない。

　本講でも，この2つの言葉の違いを特段に際立たせようという意図はないが，2つの言葉を完全には同一視しないことで，インセンティブと報酬という概念が管理会計においていずれも重要であることを探求する。

10.1 「インセンティブ」と「報酬」の概念 **135**

　結論を先取りすると，インセンティブと報酬を明確に区別するのは困難で，両者は少々入り組んだ関係になる。まずは，2つの言葉の原初的な語義やその意味範囲を丁寧に見ておこう。

10.1.1　インセンティブ

　いくつかの英和辞典でincentiveを引いてみると，「刺激」「動機」「報奨金」などの訳語に出会う。本講を執筆している筆者は，企業人時代に営業を統括する職務期間が長かったので，そのことに起因する偏りを伴った言及にはなるが，少しでも多く稼ぎたいと日々奮闘している営業職者に向けて「インセンティブ」という言葉を投げかけると，その大多数は三番目の「報奨金」のイメージでこの言葉をとらえようとする。営業キャンペーンにおける特別ボーナスや，連続ノルマの達成を労うための本給外の賞金などである。このようにインセンティブとは，英和辞典が示す訳語群のとおり，**人の思考に刺激を与え，行動を動機づけし，その労に報いてもいく**，という一連の行為だといえる。本節ではこの一連の行為を**図表10.1**[1]のように山に例え，「人の思考に刺激を与え，行動を動機づけし」の部分をインセンティブの「上り場面での意味」として，「成果を創出した労に報いる」の部分を同じく「下り場面での意味」として，ひとまず緩く区別しておく。

　また，今日の日本の社会でごく普通に用いられている辞書的な訳語は一度横に置き，英語のincentiveの語源を探っていくと，三音節に分解されるin-cent-iveは，inが「～に対して」，centが「励ましの歌を歌う」，iveは「誘因となる」という意を並べて構成した言葉であることに行き着く。ここで，先ほど横に置いた今日的な英和辞典の訳語ともう一度照らし合わせると，今日的な日本語用例としての「インセンティブ」には前述のとおり上り場面と下り場面での意味の包含が見られるが，この言葉が原初的に持っていた意味に

---

[1] 図表10.1，図表10.2，図表10.3では，読者に「上り場面」と「下り場面」の理解を持ってもらいやすくするために「山」のアナロジーを用いてモデル化しているが，このモデルでは上りと下りの折り返し点としての山頂が必要であったに過ぎず，山の高さや裾野の広がりの大きさに特段の意味はない。ここで【誘因】から折り返して【返報】に進むことを考えたとき，その折り返し点を一般化することは難しそうだが，多くの場合は評価期間における業績の確定（目標に対する成果の確定）をもって折り返しているとはいえそうである。

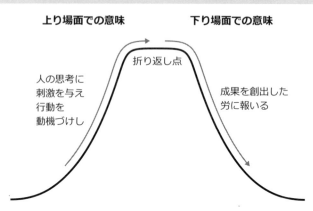

図表10.1　インセンティブの上り場面と下り場面

焦点を当てると，もともとは上り場面への意味付けが強かったことが見えてくる。そこで本講では，インセンティブの語感に上り場面への意味付けへの強調があることを意識しつつ，考察を進めていく。

またここで，本講で大切にしていく新しい言葉を2つ持ち出し，そこにも緩い定義を加えておく。この先の議論では「上り場面での意味」を【誘因】という言葉で受け止め，「下り場面での意味」を【返報】という言葉で受け止めることにする。

本項のまとめとして，「インセンティブ」の概念は【誘因＋返報】であるが，その重み付けで考えると【誘因＞返報】である。

10.1.2　報　酬

インセンティブに対して報酬は，上記のインセンティブの説明の下り場面，すなわち【返報】の意味合いが強い。報酬とは，原初的な意味でのインセンティブに魅かれて，期待された成果を収めたことへの褒賞全般の意味であり，給付の側面への強調がある。「報」も「酬」もその字義は「むくいる」であるので，報酬とは平たくいえば，広い意味での「むくい」，つまり「ご褒美」である。

報酬への期待意識の多寡や強弱に個人差や状況差はあれども，「結局のと

ころ，人間は褒美を当てにして行動する」といっても，必ずしも言い過ぎではないだろう。また，褒美というと，実際には多くの人がまずは金目（かねめ）のものを想起する。具体的には現金であったり，換金が比較的容易な金券や株式や債券であろう。しかし，報酬は必ずしも金銭的なものに限定されない。このことは英語の"reward"の語義においても同様である。実際に人間は非金銭的な報酬も欲しているのであり，むしろ**金銭的（経済的）報酬**では得られない充実感が，**非金銭的（非経済的）報酬**によってもたらされている。たとえば，昇進によってデスクや椅子がグレードアップされること，執務室としての個室が供与されること，個人の肩書に付される特別な役職名や称号などがこれにあたる。他者から賞賛されたり，心からの労いの言葉をかけられたりすることも，十分な報酬になっているといえるだろう。

　しかしながら，ほとんど誰もが労働の対価として金銭的報酬を期待し，労働者は金銭的報酬を原資にして生活の安定や自己実現を目指しているのは事実であり現実でもある。よって，本講では金銭的報酬を積極的に視野に入れるべきでもあるだろう。またこのとき，日本語による「報酬」を英語のreward の意味だけでなく，compensation の意味でも意識する必要がある。

　compensation の英和辞典的訳語には「賠償」「補償」「報酬」「給与」などの言葉が並ぶ。この並びからもうかがえるように，compensation の原義は，人が何らかの被害を受けたり，あるいは懐からの持ち出しがあったときに，それを埋め合わせるための支払いである。それがとりわけ英語では reward と同様に「報酬」の意味を強く帯び，給与，ボーナス，福利厚生といった，労働による成果の対価としての広範な報酬支給の側面を強調した言葉として用いられている。

　以上のように報酬は，前項での説明の中での「下り場面」の意味合いを強くした言葉ではあるが，褒美の魅力度が人間に「上り場面」の意味としての影響を与え，それが努力の誘因にもなっているのだから，報酬は下り場面の意味合いのみ，とも言い難いのである。

　本項のまとめとして，「報酬」という概念もまたインセンティブと同様に【誘因＋返報】であるが，こちらは【誘因＜返報】である。

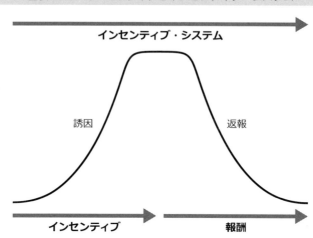

図表 10.2 インセンティブとインセンティブ・システム

10.1.3 インセンティブ・システム

ここまでの議論を整理すると，**図表 10.2** のようにインセンティブは報酬をも内包しうる点で，報酬よりもそもそもひとまわり大きな概念といえよう。管理会計の文献中で「インセンティブ・システム」という表現がよく目につくのも，この辺りに理由があるのだろう。【誘因】としてのみのインセンティブ部分と，その延伸概念である報酬部分という 2 つの要素の連結概念が，インセンティブ・システムということである。

また，【返報】の役割を主に担う報酬も，**図表 10.3** のように人的資源管理上のシステムあるいは制度としての側面を持っている。組織内で受けた役務提供への対価として報酬を支払うという行為は，明確な規定にしたがって体系的に行われている。報酬は金銭的なものに限定されないと前述したが，報酬の代表格はやはり賃金だと考えるならば，賃金がどのような考え方でどのように決定され支払われていくかと問うとき，そこには**賃金体系**または**報酬制度**という枠組みがほぼ必ず存在する。賃金体系・報酬制度は人的資源管理論の重要なテーマの一つであり，企業の管理会計はこれらの制度とも深く関わっている。賃金体系・報酬制度もまた，前項でも触れたとおり，会社から示された体系および制度にしたがって従業員が自らの行動を増強したり変え

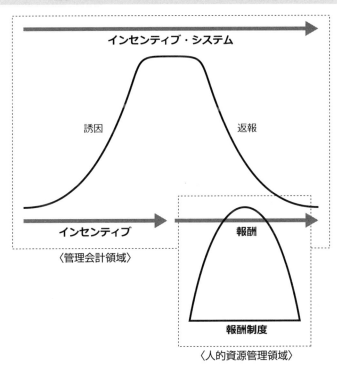

図表10.3 インセンティブ・システムと報酬制度

たりしうるという意味において,【誘因】としてのインセンティブの側面を併せ持つことにも留意しておきたい。

このように考えると，インセンティブという概念には報酬が内包され，報酬という概念から遡上してもインセンティブが見通せる。両者の関係には概念上の重なりがあるといえるだろう。また，インセンティブと報酬の関係について，これまでの議論を振り返りつつ述べれば，インセンティブと報酬を区別してとらえようとする際には，図表10.4で示したように[2] おそらく2つ

---

[2] 図表10.1，図表10.2，図表10.3までは理解の連続性を求めて山モデルを維持したが，図表10.4では多くの文字情報を必要としたために山モデルを解体して，平面図として示した。加えて，本図においては単一会計年度内での上りと下りを表現するに留めたが，実務では，上って下ったのちにまた上り，山頂を越えればまた下ることになる。下りの道中ではおそらく次の上りへの意識をし始めるのだろうから，複数会計年度を通して職務にあたる人たちは，上り下りが連続する

140　第10講　インセンティブと報酬

図表10.4　インセンティブと報酬をめぐる2つのアプローチ

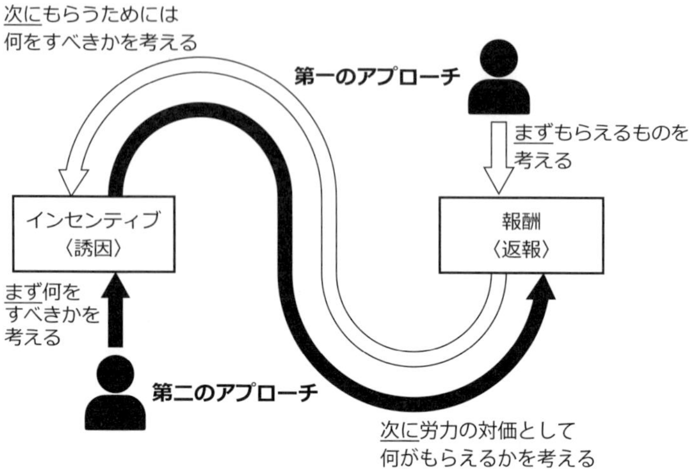

次にもらうためには
何をすべきかを考える

第一のアプローチ

まずもらえるものを
考える

インセンティブ
〈誘因〉

報酬
〈返報〉

まず何を
すべきかを
考える

第二のアプローチ

次に労力の対価として
何がもらえるかを考える

のアプローチがあるだろう。第一のアプローチは，労働の対価としての報酬がまずあって，それを獲得する行動の方向付けとしてインセンティブを考えるという，【返報】を先に視野に入れる考え方である。それに対して第二のアプローチは，評価の基準がまずあって，高い評価に向けた行動への方向付けとしてインセンティブをとらえ，インセンティブの具体物として最後に報酬が手に入るという，【誘因】を先に視野に入れる考え方である。

　本講はどちらかといえば第二のアプローチの立場で述べているが，前者の立場をとらないと見えてこないことがらもある。例えば，第一のアプローチ（まず【返報】ありき）がないと，戦略への意識のない原初的な企業経営は説明できない。製造業であれば，製品を作りさえすれば売れるので，とにかく作り，とにかく出荷し，とにかく周辺業務を回して，とにかく代金を回収してそこから給与を払うという経営である。それで満足だという経営者がいて，給料さえもらえれば満足だというマネジャーや従業員がいて，その製品で満足するという顧客がいれば，会社の側に戦略がなくても，経営自体は続いて

山脈モデル上を生きているともいえる。

いくのかもしれない。

しかし，本書で説明したいのは，ある企業が，自社の経営を市場で有利に展開していくための何らかの戦略を立案し，それに基づく長期の目標や計画を立案し，経営情報を分析し，投資の意思決定も下し，短期の目標や計画を設定し，その達成責任を明らかにし，予算を編成して評価も明確にする戦略実現経営である。そのような企業においては，重要な経営課題に対して経営側が期待する行動をマネジャーや従業員に積極的に生じさせるための**効果的なインセンティブや報酬のデザイン**が軽視されることはまずない。

ここまでに述べてきたように，本講で視野に入れておくべきことは，ひとまず【誘因】と【返報】である。しかし，誘因と返報を積極的かつ効果的にデザインしていくためには，働く人の心に働きかけるべく，その内面にも踏み込んでいく必要も出てきたようである。

10.2　動機づけ

前節にて，インセンティブと報酬の関係を，【誘因】と【返報】という2つのキーワードで整理し，私たちの視野は少なくともここまでは広げておくべきことを確認した。また本講では，「高評価を得ることに向けた行動の方向付けとしてインセンティブを先にとらえ，インセンティブの具体物として最後に報酬がくる」という【誘因】を優先してとらえるアプローチをすでに宣言した。ここからは，働く人の意識や行動の誘因を，経営者側の立場で，その職務への着手に先立って作り込んでおくことを考えてみたい。

そのためには，本書が管理会計のテキストであるとしても，まずは人の心理面の探究に踏みこまざるを得ないだろう。本節では，読者が効果的な【誘因】の在り方を検討するのに役立ちそうな道具を先に見立てておくべく，これまでの主要な概念を紹介する。

10.2.1 人が働く動機

　伝統的な産業心理学ではしばしば，職務上の業績を「業績＝能力×動機」と数式化してきた（例えば Maier, 1965）。ここでの「能力」は漢字のまま扱ってもよいだろうが，「動機」は「モチベーション」というカタカナ言葉にした方が実感がわくという読者も多いだろう。英語の motivation は，正確にいえば「動機そのもの（motive）」ではなく，動機を助長あるいは増強させる行為を表す動詞 "motivate" の名詞形である。よって，本来は「動機づけ」と訳すべきである。しかし，現代日本語で広く用いられているカタカナ言葉の「モチベーション」には，英語由来の「動機づけ」という原義に加えて，「（動機づけられて生じた）動機そのもの」という意味も含まれている。例えば「彼はモチベーションが下がっているのではないか」などの用い方である。そこで，本節でも「モチベーション」を現実社会での用例の実態にしたがって使用する。つまり，英語では【"motive" ≠ "motivation"】であるが，日本語では【「動機」≒「モチベーション」】ととらえて，この言葉を用いていくことにする。

　ここで先ほどの数式に戻ると，能力が同程度であってもモチベーションによって業績に差がつくということは，能力が少々劣っていても，モチベーション次第では業績段階での逆転が可能ということになる。人のモチベーションとはそれほどまでに重要だということである。

10.2.2 人の動機に働きかける「動機づけ」

　「動機づけ」とは，文字どおり「動機」をつけ足したり，補ったりして，十分に形成することである。つけ足すというからには，「人間には動機が最初から十分に備わっているとは考えない」ということだろう。本書の読者も勉学やスポーツなどに熱心に打ち込んでいる人が多いだろう。今ではおそらく意識さえしていないその動機がどこから訪れたものか，記憶にあったりもなかったりもするだろうが，どこかで強く「動機づけ」られた場面があったのではないか。

　企業経営において，さまざまな階層の人が働き，経営上の成果を上げることに向けられた「動機づけ」は，実務の世界でも，学術研究の世界でも，絶

えず問題になってきた。その結果,「動機づけ」のメカニズムの解明を試みた理論がこれまでにも数多く生まれている。本講では,インセンティブと報酬の,換言すれば【誘因】と【返報】の相互の関係を問いながらここまでを論じてきたので,次項で紹介する**動機づけ理論**も本節の論旨を踏まえつつ持ち出してみよう。

10.2.3　内発的動機づけと外発的動機づけ

ここまでの議論にしたがえば,「動機づけ」といったときの動機は「外来のもの」という前提が置かれやすいが,実際には必ずしもそうともいえない。外来の動機もあれば,自己の内面から生じている動機もある。そこに着目したのがデシ(Deci, E. L.)である。

デシが提唱した動機観は「**内発的動機づけ**」(Deci, 1975；Deci & Ryan, 1985)と呼ばれ,「**外発的動機づけ**」の反対側の概念とされている。デシの「内発的動機づけ」とは,**行動それ自体の中に,本人にとっての遂行目的が内包されている状態**を指し,行動それ自体とその遂行の目的が不可分である。例えば,絵を描くことが大好きで毎日絵を描いているとき,その人は内発的に動機づけられていると考える。一方の外発的動機づけでは,**行動とは別に遂行目的があり,行動それ自体と本人にとってのその遂行目的を区別**できる。絵を描くこと自体は苦痛だが,絵を描くと子どもが喜ぶので,決して上手くはない絵を親が書き続けるのは,外発的に動機づけられた状態である。会社勤めの場合であれば,仕事そのものの中にやりがいを見出せていれば,内発的に動機づけられているといえ,仕事のやりがいはさておき,その遂行に伴って得られる報酬などを目当てに仕事に従事するなら,その人は外発的に動機づけられていることになる。

デシの行った実験では,もともと自発的に行われていた活動に対して,あるグループにはそのまま長期間の活動を求め,別のグループには金銭的な報酬を与え続け,ある時点でこれ以降の活動には一切の報酬がないことを伝えると,そのグループのそれ以降の活動は当初の自発的活動の水準を下回るものになった。これに対して,当初の自発的活動に金銭的報酬を与えなかったグループでは,同じ水準の自発的活動が継続された。これをもってデシは,

144 第10講 インセンティブと報酬

金銭的報酬が内発的動機づけに対してネガティブに影響したことの証左とした。また，外発的に動機づけされた人間は，最終成果をより多く獲得するための最も効率的な方法を選択しやすいことも報告されている。これらの実験結果をもってデシは，「報酬，強要，脅し，監視，競争，評価……このような方法を人の行動を動機づけるために利用することに，私は原則的に反対する」と強く主張した。(Deci & Flaste, 1955)

　企業の上層部が部下の行動や努力に対して，働く本人の意識の外側から積極的に誘因を作っていくと，行為者の活動の中には目的が内在しなくなる可能性が高くなる。また，一度提示した報酬はなかなか取り下げられなくもなる。人を前向きに動かそうとする以上，動機づけは必要だが，それは非常にナイーブでデリケートな作業でもある。

10.2.4　働く動機をめぐる4つの人間観

　ここまでの議論によって，私たちは内発的動機づけと外発的動機づけを区別でき，それぞれが生じてくる場面への理解も及ぶようになった。本項では，内発的動機づけと外発的動機づけの使い分けや組み合わせへの一層の理解を深めるべく，2つの動機づけの間を揺れ動きつつ行動していく人間を，いくつかにモデル化して検討していく。

　ここではシャイン（Schein, E. H.）が整理を試みた4つの人間モデル：「経済人」「社会人」「自己実現人」「複雑人」（Schein, 1980）について説明する。

(1)「経済人」モデル

　このモデルのもとでは，人間は真っ先に，そして強く大きく，経済的報酬に反応すると想定されている。また，同じ経済的報酬を手にするためには，最も効率の良い獲得方法を選択し，同じ手間をかけて報酬を獲得しようとするならば，より大きな経済的報酬を得ようと自然に行動するとも想定されている。加えて，良い仕事をすればより高い経済的報酬が得られるが，良い仕事ができなければそれが削減されることも了解している。

　経済人はシャインが整理したものの中では，もっとも原始的なモデル次元である。しかし，稼いだ金で生活を向上させたいと願う気持ちが人間にある限りは，極めて健全にして合理的な人間モデルだといえる。世の中の事象を

説明する力を依然として大きく持つがゆえに，このモデルを完全に否定することはなかなか難しい。

(2)「社会人」モデル

このモデルのもとでは，人間は必ずしも経済的報酬だけに動機づけられて働いているのではなく，**組織に所属している**ことの充実感や安心感，仲間と共に働く喜びを得るためにも働いていると想定されている。この意味において，社会人モデルは経済人モデルを批判し，それを乗り越えようと試みた人間観ともいうことができる。

このモデルが誕生した背景には，テイラー（Taylor, F. W.）が提唱した**科学的管理法**が壁にぶつかったことがある。**課業**を徹底的に管理し，**怠業**を防ぎ，労働の生産性を向上させようとしたこのアプローチは，構想の段階では従業員の経済的報酬を高める方向に作用するはずだったが，結果的には経営者に向けた労働者の反発を招き，経営生産性向上の足かせにもなった場面があった。社会人モデルはそうした反省から生まれた労働者観でもある。

(3)「自己実現人」モデル

自己実現人モデルは，より高次の欲求によって動機づけられている自律的な人間を想定している。経済人モデルと社会人モデルの人間観は全く異なるが，経済人モデルは報酬に，社会人モデルは組織への所属感に動機づけられているという点で，どちらも自己の外側に誘因があるという点で，外部からもたらされる誘因への依存度が高い人間像であった。それに対して，自己実現人モデルでは働く動機を**自己の自律欲求**の中に持とうと試みている。その認識は，外部からの誘因よりも自己の内面から湧き上がる誘因の方が優先され，外部環境はあくまでも自己実現のために視野に入れておくべき周辺事象であるに過ぎないというものである。

このように自己実現人モデルは，経済人モデルと社会人モデルを相反するが対等の次元としてとらえ，これらを一気に乗り越えようとした人間観だといえる。

(4)「複雑人」モデル

複雑人モデルは，人間の動機を便宜的かつ不当に類型化することは慎み，人間は「人それぞれ」なのであり，個人によっても，また同じ個人であって

も，ライフステージによって，またそのときどきの個別の状況によって**動機が変動する**と想定した人間観である。経済人，社会人，自己実現人をこの順番にモデル化したシャインが最後に行き着いた人間モデルであり，このモデルのもとでは，組織は従業員の動機づけに際して，従業員の動機の源泉を類型化して対応するのではなく，あくまでも個別に対応することが求められることになる。

　以上のように，働く動機をとらえようとする一連の探究は，類型化からスタートし，注目すべき類型の軸足を移動させながら，最後はすべての類型を手放すという歩みを見せている。このことは，インセンティブと報酬をデザインする際にも，有益な示唆を与えてくれていると思われる。

　本書は管理会計のテキストであるから，人間の心理面を洞察する作業ばかり進めるわけにもいかない。本講の主題であるインセンティブと報酬のマネジメントに向けて，企業においては，インセンティブと報酬の完全なる個別対応が見通せない現実をまず受け止める必要があるだろう。その上で，どの人間観をどのように織り交ぜてインセンティブと報酬をデザインするかを考えてみたい。

10.2.5　金銭的報酬と非金銭的報酬（経済的報酬と非経済的報酬）

　前項までの議論で，人が働く際の動機がインセンティブや報酬をどのように視野に入れているか，動機をめぐる人間の価値観を類型化もしつつ検討してきたが，本項では報酬についても類型化しながら，それぞれが働く人にどのような影響を与えるかを検討する。

　まずは，**金銭的（経済的）報酬**から見ていく。この世は「金がすべてではない」としても，「金は二の次だ」ということばかりでもない。金銭，とりわけインセンティブや報酬として用いられる金銭それ自体の動機づけ効果を正確に測定するのは困難だが，働く人の思考や行動に金銭が本質的な影響を及ぼしていることは否定し難い事実だろう。「食べていくために働く」と考えたときの賃金としての金銭は，文字どおりそのまま食料品や衣料品，そして生活雑貨などに姿を変えていくが，「自己実現のために働く」のであれば，稼いだ

金銭が趣味性の高い物品や自己啓発の原資としても姿を変えていく。このように「金には色がついていない」という立場に立てば，金銭は柔軟かつ広範に活用でき，金銭によって実現できることがらは非常に多い。その意味において，インセンティブや報酬としての金銭の有効度は万人にとってかなり高いといえるだろう。

　一方，金銭では表現しにくく，よって返報もしにくい価値というものもある。これらを**非金銭的（非経済的）報酬**と括ってみる。例えば上級管理職への昇進の証の一つとして会社から与えられるオフィス内の個室などは，オフィスのフロア面積を大きく占有できるという特権であり，ステイタスでもある。その設置と維持には費用が生じているという点で金銭的報酬に置き換えられないこともないが，個室を持ち，自分のために専任のアシスタントがつくという喜びは，金銭的報酬がもたらすものとは大きく異なる。また，職位に応じて決められた駐車場の位置なども非金銭的報酬の一角を占めている。車を置く場所の違いだけなので追加費用の発生もないが，これまで遠い場所に駐車していた人にとっては，深い満足感に，また優越感にも浸れるものである。航空会社が利用頻度の高い旅客を空港ラウンジや優先搭乗で優遇したのちに，到着先の空港でもその客の荷物を真っ先にターンテーブルに流すのは，上得意客に返報しようとする非金銭的報酬の典型であり，旅客たちはこうした報酬を得たいがために，他社便の使用をなるべく避け，できるだけ当該航空会社を利用することを動機づけられるのである。

　ここまでを振り返ると，金銭的報酬と非金銭的報酬は実際には相補的な関係にあり，経済的にもてなすのみならず，社会的にも心理的にももてなすということでもあり，これまで努力を重ねてきた人への返報を充実させるための二本柱になっていることに気づく。

　その一方で，前述したことと一部矛盾するようにも聞こえかねないが，「お金にも色がある」という立場をとると金銭的報酬の価値が損なわれる場面も考えられる。例えば，苦労して職務目標を達成した結果のボーナスと，たまたま購入した宝くじが当たった場合では，同じ金銭であってもその意味は大きく異なり，同じ報酬価値を認識できなくなる。しかし基本的には金銭には色がつきにくく，その入手経路もその使途も広範にわたるがゆえに，その意

味的価値が絶対額に巻き取られてしまい，努力への報いとしての意味的価値が希薄化しかねないことへの留意も必要だろう。

　本節では，戦略的な経営に向けて，人の行動をある方向に向けて強化させようとするときには，「動機づけ」が必要なことを明らかにしてきた。そして，人を動機づけるには金銭的報酬と非金銭的報酬の組み合わせが有効であり，また，外発的な動機づけがいきすぎると内発的な動機づけが損なわれかねないことも確認できた。これらのことを踏まえて，私たちはインセンティブと報酬をどのようにデザインすべきだろうか。

10.3　インセンティブと報酬のデザイン

　本節では，これまでの議論を総動員して，インセンティブおよび報酬のデザインについて踏み込んで検討する。インセンティブと報酬を完全に分けての議論はできないが，両者を絶えず視野に入れながら，その目的概念である【誘因】と【返報】を適切に最大化するためのアプローチ，ならびにデザイン上の落とし穴についても，実践的な検討を行う。

10.3.1　明確なメッセージによる思い切った誘因形成

　戦略的な経営を目指す企業の中には，インセンティブ・システムが有効に機能しないという問題を克服できていない事例も散見される。例えば，誘因としてのインセンティブがメッセージとしては成立していても，従業員へのインパクトとしては成立していないという状況であり，会社が望む姿への誘因が弱々しいという状態である。マネジャーも従業員も「会社としては○○することを望んでいるようだが，それに応えたところで給料が増えるわけでもない」などと受け止めてしまっているのであれば，このままだとその戦略に内発的に動機づけられた人間以外は行動を変容させず，十分な経営成果は得られない。

　この場合に必要になるのは，**業績と報酬の連動度合いを高めていくこと**で

あり，売上や利益等の財務指標あるいは非財務指標（第9講参照）に大きく着目したインセンティブ・システムの設計が求められる。「会社の期待に応えるのと応えないのでは，褒美も大きく変わる」と明確にメッセージすることで，会社が本気であることを明確に打ち出し，より多くの従業員に対して行動変容を促すことができる。

10.3.2　報酬に対する過剰反応を考慮する

前項で「思い切った誘因形成を」と書いたが，本講で内発的動機づけについても学んだ以上，単純に報酬だけで動機づけることは慎むべきだろう。報酬によって過度に外発的に動機づけられた従業員は，報酬以外の動機を消失させていくし，望む成果への最短距離を熟慮なく，そして躊躇なく選択する傾向があることも既知のことがらである。短期的な成果を一時的に創出するためだけならば外発的動機づけの強い副作用が許容されるのかもしれないが，持続的な成果を安定的に求めるならば，「**結果さえよければよい**」という態度は問題視されるべきである。

また，会社側が動機づけのつもりで行ったことが本人には脅迫や強要と解釈され，結果的に目標未達への恐怖感が増大し，逃げ場を失った従業員が個人のレベルあるいは組織のレベルで**不正**に手を染める事態が起こりうることも考慮する必要がある。こうした問題に起因している**企業不祥事**が，本書が執筆されているのと同時期に次々とマスコミ報道されていることには，ここで改めて留意しておきたい。

誘因形成が弱腰ではいけないが，それへの過剰反応や表面的で浅薄な受け止められ方には，目を光らせておく必要がある。誘因が効果的に機能することと，その副作用が許容範囲に収まることの両面が，誘因をデザインする者の責任範囲になる。

10.3.3　非財務指標の併用と強調

財務諸表の数値は従業員の努力投入の最終的な結実であるが，日々の事業活動では最終数値と密接に関わるさまざまな数字が集計されている。例えば，店頭での小売業であれば，売上高の前に来店者数が問われるべきであるし，

来店者の内訳を見たときに，初来店客数が潤沢にあり，再来店数も十分な水準にあるならば，今後はおそらく売上高も伸びていくだろうと前向きに想像できる。

ところが，売上高しか問わないとなると，店頭外での不適切な販売方法が背後に隠れている可能性も否めなくなる。店頭来場数などを指標化しておけば，仮に売上高は不十分だったとしても購入予備軍を大きく抱えた状態だと理解できるし，また来場数は十分であるにもかかわらず売上が伸びていないのでれば，品揃えや接客内容を疑うことで原因分析もできるようになる。

キャプランとノートン（Kaplan, S. R. and Norton, D. P.）が提唱したBSC（Balanced Scorecard）では，財務諸表の数字を事業の**遅行指標**ととらえ，それに先行して数値化できる非財務諸表の諸数値を**先行指標**ととらえて，**先行指標の重要性を強調**している（Kaplan & Norton, 1996）。

達成された財務指標との連動度合いを高めたインセンティブ・システムを健全に運営するためにも，非財務指標の併用と強調は有効である。1つ手前の**第9講**に，近々もう一度立ち戻ってみてほしい。

10.3.4　インセンティブ・システムは報酬格差に向かう

インセンティブ・システムが有効かつ健全に機能すると，個人の報酬には少なからざる差がついていく。投入された努力量，その努力を支えた動機，そしてその結果としての成果に差があったがゆえに，報酬にも差がついていくわけだが，この「差」が適切であるかという問題も決して軽視できない。報酬に差がつかないとそもそも誘因にさえならないが，**差の妥当性**を点検する必要性も心得ておくべきである。

高業績者が現れたときに，当該の本人との能力差と，それがもたらす報酬の金額差に周囲が納得していればよいが，そうでない場合などは，周囲から高業績者がねたまれ，やっかみの原因にもなりかねない。やっかみに起因する組織内での足の引き合いは組織活動の内部損失となって組織全体の生産性を必ず下げていく。インセンティブ・システムの副作用によって生産性が下がるのでは本末転倒である。とりわけ日本企業は欧米企業と比べて社内での賃金差を伝統的に小さく保ってきた企業文化があるので，報酬差が大きくな

るようなインセンティブ・システムの導入期には特に注意が必要である。

　また高業績を収めた者も，当初はある水準の報酬差でも満足していたが，満足にもいずれ慣れが生じると，今度は期待値が高まっていく。満足の水準は期待値との兼ね合いで上下方向に動くものなので，ある水準での満足を手に入れ，次の満足水準への期待が高まると，組織はそれへの応答を求められる。また，人間の倫理的な弱みが顔を出すと，より大きな報酬差を求めて不正を正当化するなどということがないとも限らない。**報酬格差**を確かに作りつつ，その報酬格差が望んでいない問題をできるだけ引き寄せないように十分に留意すべきである。

10.3.5　育成の視点が欠落しないように

　インセンティブ・システムによって最終成果が大きく問われるようになると，成果の創出技量において十分に成長成熟した者と，まだ成長成熟の途上にある者が，同じインセンティブ・システムの中で，報酬をめぐって職務にチャレンジすることになる。このとき，育成の途上にある者は，すぐにはそれほど大きな成果を出せず，報酬も抑えめな金額になる。

　そうした育成途上の者においても，育成上の課題が徐々に乗り越えられつつ，そのことが自然に最終成果に反映されていけばよいが，**育成上の課題を大きく残しながらも最終成果だけが達成されていくという現象**には留意したい。この現象は高額の報酬を伴うインセンティブ・システムを機能させていなくても起こりうる問題であるが，高額報酬という返報への誘因が大きくなると，こうした問題の発生が助長されうる。

　実力と成果の関係がねじれてしまった場合，高額報酬で本人を強く動機づけてしまっているために，ねじれをより戻すことへの指導的対応が難しくなることがある。これも報酬格差を大きくしたインセンティブ・システムの副作用の一つである。育成途上の者に対して報酬という外発的動機づけの効きを適切にコントロールする姿勢が，インセンティブ・システムの設計者ならびに，その運用にあたる上位職者には求められている。

10.3.6 従業員にとっての報酬は会社にとっての費用

　組織の下位層にいる従業員にとっても，中間管理職にとっても，事業部長やカンパニー長にとっても，報酬は自らの労働そのものあるいはそのパフォーマンスの対価である。よって，その多寡は働く者としての自らの社内価値を端的に示す重要なシグナルとなり，働く者の多くは結果的にその多寡にこだわるようになる。一方，企業を経営する側から見ると，人件費は全社の売上や利益をもたらす重要な原動力になるが，人件費が経営の最終成果を押し上げる度合いは事業によって異なり，知的集約度が極端に高い一部の業種を除けば，人件費とは，少額に過ぎないか多額に過ぎないかを総額で管理調整するための一要因でもある。

　このように，働く個人にとっての金銭的報酬はあくまでもその絶対額であるが，企業を経営する側には売上や利益に対する人件費といった**生産性の視点（人件費効率**あるいは**労働分配率**など）が含まれる。また，プレモダンな人的資源管理論の立場では，報酬はその働き手のそのときどきの生活を賄いうるものでもなければならないと，長らく考えられてきた。そしてさらに，本講の文脈では，経営戦略への具体的かつ十分な貢献への誘導力も備えていなければならない，ということになる。

　インセンティブや報酬をデザインする際には，そこで働く者の生活水準と働く意欲や誇りの維持向上という側面と，企業全体の**人件費効率**という側面の両面が充実していなければならない。近年では人財を費用扱いするのではなく，人的資本として資本扱いする考え方に社会の支持が集まりつつあるが，そのことを十分に受け入れつつも，管理会計では人に関わる支出を費用として扱っている。その意義や必然性は，今日もなお，色褪せていないように思われる。

10.4 目標斉合性を考える上での インセンティブと報酬

10.4.1 インセンティブと報酬に携わる人たちに求められる もの

本講では，インセンティブと報酬を用いて，人間の行動を動機づけし，望む成果への【誘因】を形成することと，それに適切に刺激されて投じられた努力やそこから生じた成果に対してさまざまに【返報】するための一連の仕組みをデザインし，実践するべきことを学んできた。これらは企業と従業員の間で共有したい "Goal Congruence（目標斉合性）"（Anthony, 1965）を実現するために欠かせないものである。

"Goal Congruence" とは，**組織内のあらゆるレベルの従業員が同じ目標を共有している状態**のことをいっている。企業と従業員との間に "Goal Congruence" が欠けた状態だと，従業員は自らの仕事の出来に満足していて達成感を覚えているが，その仕事は企業が求めているものではなく，企業としては少しも満足できないことになる。大企業になると組織体系も大きく複雑になり，組織内のある部門の末端で働く従業員には会社の意思も届きにくくなる。よって，従業員が良くも悪くも主体的に動いた結果，会社が望まない方向に従業員の努力が向けられてしまう，ということである。

どんなに優れた戦略があっても，そこに評価制度を盛り込み，何らかのインセンティブと報酬を当てがえば，"Goal Congruence" が直ちに実現するわけではない。また，インセンティブや報酬が逆に人間の動機にネガティブな影響を与えることもありうる。インセンティブ・システムや報酬の制度を設計し運営する立場にある上層部の日ごろからの姿勢や態度，そしてマネジャーや従業員にかける言葉の丁寧さや重み，そして眼差しがそこに伴っていないと，不十分な効果あるいは逆効果もありうる。

学術研究の世界では，インセンティブや報酬を用いて【返報】を増大させることは経営に概ね効果的だと立証したものも多く，内発的動機づけだけが示唆深い知見であるとも言い難い。学術研究は多サンプルの実践から浮かび

上がった統計的傾向であるので，現実の実践がその傾向にしたがうことも予想される。しかし，実務の実際においては，多サンプルに生じる傾向とは切り離された，実践者の眼の前にある，他ならぬ個別の組織内実践で，"Goal Congruence" をどのように実現できるかが大きく問われている。その際には，当該実践は全体の傾向に必ずしたがうことも，競合会社でうまくいったことが，自社でも必ずうまくいくこともない。効果的な経営戦略とその評価，そして人間をそこに健全かつ適切に駆り立てるインセンティブと報酬の可能性と難しさは，実務においてはこのように立ち現れる。この問題を乗り越えて，個別最適解に到達するための一助となるのは，やはり「深い人間理解」であるのだろう。

10.4.2　管理会計におけるインセンティブと報酬

　本講で扱ったインセンティブと報酬は，管理会計の文脈からは少し外れた話題ではないのかと，当初読者は受け止めたかもしれない。しかし，インセンティブや報酬は他の管理会計制度と組み合わせることで，組織メンバーを組織目的へと誘導することができる。

　また，組織メンバーにとっては自分の行動や成果が所属組織から良い評価を受けそうなのか，自分の仕事の対価として得られる報酬が，金銭的なもの非金銭的なものと合わせてどの程度になりそうなのかについて，有益な情報として管理会計と共に重要な役割を担っている。

　また，インセンティブと報酬は，会社が従業員を，そして自分を，どのように処遇したいかという意思を知るための重要な手段でもある。個々の従業員が会社の意思をどのように受け取ったかで，動機づけの方向も変わる。インセンティブおよび報酬と管理会計との関係を意識することは重要である。

●練習問題●

問1 あなたは「インセンティブ」や「報酬」を，他の人に向けてどのように説明するか。あなたの論法，あなたの言葉で説明しなさい。

問2 「インセンティブ」や「報酬」が企業経営にポジティブに作用する場面とそうでない場面について，具体的に説明しなさい。

問3 大学内であなたが所属しているサークルなどでの活動で，もしメンバーの年次表彰を行おうとするなら，どのような賞をどのような授与基準で設けておくと，毎年度のサークル活動が活性化するだろうか。そのサークルで取り組む具体的なスポーツ種目や文化活動を考慮に入れて考えなさい。また余裕があれば，あなたが構想した表彰制度が，それを構想したあなたが望まない結末を迎える可能性についても想像してみなさい。

【推薦文献】

Robbins, S.P. (2005) *Essentials of Organizational Behavior*, 8th edition: Prentice Hall College Div. (髙木晴夫訳 (2009) 『【新版】組織行動のマネジメント——入門から実践へ』ダイヤモンド社)

第11講
管理会計とマネジメント・コントロール

　これまで，組織経営に活用される管理会計のさまざまな要素について説明を行ってきた。この講ではこれらの要素のつながりを意識し，そこから**第6講**で説明した分権化組織のように，ともすれば自律性を重んじるがために組織全体の目標を達成することが難しい組織において，管理会計を活用した統合のための考え方を紹介する。その考え方が「マネジメント・コントロール」である。企業が大きくなるにつれ分権化が進んでいる中で，全社目標と部分目標の両方の達成を実現する考え方が「マネジメント・コントロール」である。

11.1　マネジメント・コントロールの意義

　まず，マネジメント・コントロールの定義について，この考え方を管理会計の立場から広く浸透させるきっかけを作ったアンソニー（Anthony, R. N.）から紹介する（Anthony, 1965）。アンソニーはマネジメント・コントロールを「マネジャーが組織の目的を達成するために資源を効果的かつ能率的に取得し使用することを確保するプロセスである（Anthony, 1965, p.17）」と定義した。このプロセスは，マネジャーにより，戦略を実現しようとするものであり，行動を判断する標準は有効性と能率であると述べている（Anthony, 1965, p.17）。また，「組織の戦略を実行するためにマネジャーが他の組織メンバーに影響を与えることによるプロセス」とも述べている（Anthony, 1988, p.10）。

　また，アンソニーの考え方を一部引き継いだともいえるサイモンズ（Simons, R.）は，**マネジメント・コントロール・システム**を「組織活動において維持したり変更したりするためにマネジャーが使う公式的で情報をベースとした手順と手続きである」と定義した（Simons, 1995, p.5）。サイモンズのポイントはマネジメント・コントロール・システムを，組織における公式的な手順と手続きが対象であり，情報をベースとしてマネジャーを対象としたシステムと定義したことである。本書では，「数値情報を中心とした情報を提供することにより，マネジャーの行動を組織目標（戦略）の達成に導くことを目的とした概念」（横田・金子，2014, p.7）と定義する。

　マネジメント・コントロールの目的は，全体最適と部分最適の一致をめざす（目標斉合性）[1]こと，つまり**組織を構成する傘下の部門に自律性を高めつつも全体の組織目標達成につながる経営活動を行うことを動機づけること**である。組織の形が単一事業組織から複数事業，多角化，他地域，グローバル化と事業の種類も地域的にも広がる中で，これらを1つの組織とみなし全体をまとめ上げることはより一層難しくなるが，部門の自律性を認めつつも全体目標の達成を目指すのがマネジメント・コントロールである。組織目標は組織全体が目指すものであり，経営理念やビジョンに基づき，数年の間になりたい姿にどのようになるのかを示した戦略が基礎になる（**第2講参照**）。

　組織全体の目標をいかに傘下の組織の経営活動により実現できるかが重要であるが，これを実現する考え方がマネジメント・コントロールである。この概念が提唱された当時は，マネジメント・コントロールにとって戦略は所与と考えられた。これを確実に実行するためにレスポンシビリティ・センターの責任者に権限を与え責任を課すことで，全社組織のトップ・マネジメントが各事業のことがわからなくても全社目標を達成できるように構築される仕組みがマネジメント・コントロール・システムとして考えられた。事業部長のような組織の責任者が課せられた目標を，命令によらずに自分の意思で

---

[1] 「斉合」は一致することを意味する。目標斉合性（Goal Congruence）は目標を一致して目指すことである。「目標整合性」と表記されることも多いが目標を整えるのではなく一致させる意味を示すため本書では「斉合」としている。

第 11 講　管理会計とマネジメント・コントロール

（自律的に）活動をすることが，結果的に全社目標を達成することにつながるように仕組みを構築する。マネジメント・コントロールの考え方のもともとのポイントの一つが，部門責任者（マネジャー）を対象とした，トップ・マネジメントによる現場の経営活動に対する間接的なマネジメントの仕組みというところにある。

11.2　マネジメント・コントロール・プロセス

　前節で述べたとおり，マネジメント・コントロールを実際に企業活動の中の制度で実現する仕組みがマネジメント・コントロール・システムである。その仕組みはいくつかのサブシステムから成っている。**サブシステム**とは，戦略策定，目標設定と計画策定，予算制度，業績評価制度，報酬制度といった公式ルールからなる経営活動の中で活用される制度である。これらは本書において，ここまでの講で紹介されてきた。これらの制度を関係付けることで，マネジャーをその部門組織の目標達成に向けて動機づける。サブシステムである各管理会計の制度のつながりが**マネジメント・コントロール・プロセス**である（**図11.1** 参照）。

　全社目標を達成するために，傘下の組織に示されるそれぞれの目標がある。それは，傘下の組織がどのレスポンシビリティ・センターに位置づけられるかによって，中期目標である場合や短期目標である場合がある。そうした部門組織の目標を達成に向けた経営活動を行うために，中期計画や短期計画が作成され，予算が策定される。経営活動のサイクルは，短期の場合は1年（1会計期間）あるいは半期ということもある。この期間，トップ・マネジメントは経営目標を達成できるか予算目標どおりに活動できているか否かをモニタリングする。これによって部門長および部門による活動が計画どおりになされているか否かを確認する。

　経営活動の区切りとしての一定期間の終了後には組織目標が達成できたか否かが報告され，評価されることとなる。なぜなら部門長は目標達成するこ

図表 11.1 マネジメント・コントロール・プロセス（インベストメント・センターの場合）

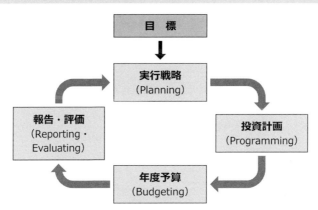

とをトップ・マネジメントといわば約束していたので，これがなされたどうかを報告し評価するということである。

　評価がなされると，その結果に基づいてインセンティブが与えられる。インセンティブの目的は，組織目標，戦略，部門の目標を達成できることが，それに責任を持っている者にとっても良い結果を生むということが理解可能になるという意味がある。これにより，目標がやらされ感を生むのではなく，目標を達成することが責任者や組織メンバー自体にも良い結果をもたらすことを示し，動機づけになることを意味している。具体的に与えられる報酬も，その組織ごとに制度として構築されている。

　レスポンシビリティ・センターとしての選択がマネジメント・コントロール・プロセスの何に影響するのだろうか。例えばインベストメント・センターとしての組織に対するマネジメント・コントロール・プロセスであれば，全体組織から示された目標は，短期のみならず長期の利益も上げることになる。したがって，短期目標のみならず事業部としての戦略とそれに基づく中期戦略，中期計画を立てるが，そのときに投資についても意思決定することになる。これを踏まえて単年度の短期目標，計画，予算を立て，計画どおりに進んでいるかについてモニタリングした上で，短期の期間終了後に報告，評価が行われ，インセンティブ・報酬が与えられる（図表 11.1）。

第11講 管理会計とマネジメント・コントロール

一方，プロフィット・センターとして組織が位置付けられている場合，単年度の利益を上げることに権限と責任を持っているので，全社組織から示される目標は単年度利益の達成となる。これを実行するためには単年度目標に応じた計画，予算が策定され，これを実行していく中で，モニタリングをし，そして一定期間後の報告・評価を経て，インセンティブ・報酬が与えられる。

このようにマネジメント・コントロール・プロセスは，サブシステム間に関係を持たせることで，全社最適と部分最適を一致させることができる。

マネジメント・コントロールの仕組み全体の構築については，欧米組織ではコントローラーが責任を持ち，日本においては経営企画担当，経理担当などが行うことが多い（第1講参照）。

マネジメント・コントロール・プロセスは，このようにサブシステムである各管理会計制度がプロセスとしてつながっている。管理会計は経営に役立つための会計であり，それぞれの管理会計の制度はそれぞれに役割があり効果もある。マネジメント・コントロールはそれぞれの制度が単体で役に立つということだけでなく，組織全体の活動に役立てるために工夫された仕組みともいえる。これまでに学習してきたいくつもの管理会計の制度をつなげることで，マネジメント・コントロール・プロセスを含むマネジメント・コントロール・システムを構築することができるということである。

11.3 マネジメント・コントロールの フレームワークの変化

マネジメント・コントロールは全体最適と部分最適を一致させるものであるが，そのための経営の制度は実はさまざまある。アンソニー（Anthony, 1965）が示すマネジメント・コントロールのとらえ方は，財務情報を用いた仕組みであり，それにより部門責任者であるマネジャーの行動に影響を及ぼそうとした。しかし，全社目標と部分目標を一致させる経営システムはほかにもある。例えば，企業理念，業務を行うためのルール，倫理などである。これらもマネジメント・コントロールの概念に含むとする考え方も近年台頭し

ている。近年のマネジメント・コントロールの考え方ではこうした制度も含むものとされている。

また，マネジメント・コントロールはトップ・マネジメントからマネジャーを介した現場への間接的な管理と説明したが，近年では現場の管理も含まれるという考え方もある。つまり，適用する対象者の範囲がマネジャーから従業員に広がりつつある。加えて，組織を導くリーダーシップ，組織のコーポレートガバナンス，組織文化といわれる組織において共有している価値観や仲間同士で共有している暗黙的ルールなども目標を一致させるためには有効である。マネジメント・コントロールの提唱者によってこれらをマネジメント・コントロールに含めるか否かが変わる。

代表的な考え方をいくつか紹介しよう。

まずアンソニー（Anthony, 1965）の考え方を取り込みつつも範囲を拡大したサイモンズのフレームワーク（Simons, 1995）を紹介する。

サイモンズ（Simons, 1995）で示されたマネジメント・コントロールの考え方（フレームワーク）はアンソニーのマネジメント・コントロールの考え方を取り込んだ上で，より広い概念として示されている。サイモンズのフレームワークは，事業戦略を中心とし，それを成功させるための4つのコントロール・レバーがあるという考え方である（図表11.2）。

4つのレバーの第1は**信条システム**といわれるもので，組織の中核的な価値を決めるシステム，第2は**事業倫理境界のシステム**で，事業を遂行する際のリスクを回避するための境界を設定したシステム，第3の**診断型コントロール・システム**は，アンソニーのマネジメント・コントロール・システムであり，目標達成に向け，動機づけ，達成状況をモニターし，それに応じた報酬を与えるシステム，第4は，イノベーションにつなげるトップ・マネジメントとマネジャー間のコミュニケーションによる**インターラクティブ・コントロール・システム**である。サイモンズ（Simons, 1995）のマネジメント・コントロールの目的も，戦略を実行することであるが，このインターラクティブ・コントロールは，戦略的不確実性のもとでのトップ・マネジメントとマネジャーとの双方のやり取りを通した学習から生まれる**創発的戦略の生成**を示唆している。戦略的不確実性が高い場合にはこのシステムが活用され，

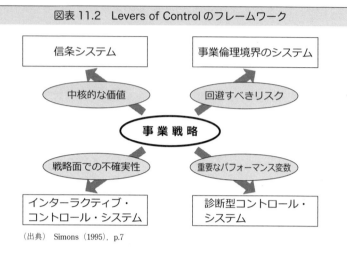

図表 11.2　Levers of Control のフレームワーク

(出典)　Simons (1995), p.7

新しい戦略はインターラクティブ・コントロールを通じて策定されるとしている。

次に，マーチャント (Merchant, K. A.) とヴァン・デ・ステード (Van der Stede, W. A.) (Merchant and Van der Stede, 2012；2017) の考え方も紹介しよう。彼らは，マネジメント・コントロールを「マネジャーが組織の戦略および計画を遂行して，必要な場合にこれらを修正することを確実にするよう支援するために行うすべてのこと」とした (Merchant and Van der Stede, 2012, p.xii)。もともと，マネジャーを対象にし，現場に対してはトップ・マネジメントが間接的に現場と関わるとされたマネジメント・コントロールの考え方ではあったが，マーチャントとヴァン・デ・ステードは，マネジャーだけでなく従業員もマネジメント・コントロールの対象としている。また，全社組織と部分組織の戦略もあることが望ましいが必ずしも所与としていないところが特徴的である。

マーチャントとヴァン・デ・ステードはマネジメント・コントロール・システムとして4つのコントロールを提示した。第1は，結果のコントロール (result controls)，第2は行動的コントロール (action controls)，第3は，人事的コントロール (personnel controls)，第4は，文化的コントロール (culture controls）である。

　結果のコントロールとは，インセンティブを用いてなすべきことは何かを直接的，間接的に伝える。インセンティブが何かしらの結果と関連づけられれば，対象者は何をすべきかに気づく。アンソニーのマネジメント・コントロールに近い。

　行動的コントロールについては，マネジメント・コントロールの最も「直接的な形」とされ（Merchant and Van der Stede, 2012, p.81），従業員がすべきでないことを物質的方法，管理的方法で示す。

　人事的コントロールは，採用，配置，研修，職務設計，募集などである。組織にとって良いことは何かを従業員に理解させ，組織の目標を内在化することにもつながる。

　文化的コントロールは，お互いに監視をするためにデザインされるもの，すなわち「相互監視」のことであり，伝統，規範，信念，価値観，イデオロギー，態度，および行動様式を指している（Merchant and Van der Stede, 2012, p.90）。文化は強力であるが，一方で変化の妨げになることもあると指摘される。

　マーチャントとヴァン・デ・ステード（Merchant and Van der Stade, 2012：2017）は各コントロールの関係をプロセスとしてとらえていない。各コントロールが組織の中に存在して全体目標と部分目標の一致はなされるととらえている。

　最後に新しいマネジメント・コントロールの考え方の一つとして紹介するのは，**マネジメント・コントロール・パッケージ**（以下「パッケージ」）である。これは，マネジメント・コントロール・システムは単独では実施できないし，アウトプットを生み出すことを考えれば文化や管理も考えなければならないとする考え方である。

　マルミとブラウン（Malmi and Brown, 2008）は，マネジメント・コントロール・システムを戦略や現場を対象としたオペレーショナル・コントロールをも含むとしている。マネジメント・コントロール・システムは全体最適と部分最適の一致を目的とし，マネジャーが意思決定をするため，あるいは従業員行動に影響を与えるための情報として活用されるものであれば，すべて

164　第11講　管理会計とマネジメント・コントロール

図表11.3　マネジメント・コントロール・パッケージ

文化のコントロール					
仲間		価値		シンボル	
計画		診断型コントロール			評価と報酬
長期計画	行動計画	予算	財務評価システム	非財務評価システム	ハイブリッド評価システム
管理的コントロール					
ガバナンス構造		組織構造		手続き	

（出典）　Malmi and Brown（2008）を一部筆者修正

マネジメント・コントロール・システムであるとしている。

　パッケージとしてのマネジメント・コントロール・システムのフレームワークは**図表11.3**のとおりである。マネジメント・コントロール・パッケージの対象となる経営システムの範囲は広い。パッケージのフレームワークは，組織の中に複数のシステムが存在し，それがパッケージとして機能する「現象」であり，重要なのは相互関係であるとしている。パッケージが対象とするのは部門の責任者としている。

11.4　マネジメント・コントロールと経営活動

　以上のように，マネジメント・コントロールには，管理会計のさまざまな制度を中心として，経営活動に関わる多くの仕組みや非公式的なルールなども関連していると考えられつつある。この理由はマネジメント・コントロールが全体最適と部分最適の一致を目指すという目的を持った考え方であり，それを達成するためには，管理会計に関わる仕組みからの情報だけでは必ずしも十分ではないということを意味しているともいえる。

　しかしながら，経営活動にまつわる多くの制度が関係しているとなると，

それ自体を静的にとらえることはできても，それを活用する，あるいは変更するなど積極的に変更していくことが難しくなる。なぜなら多くの要素が関わっていれば，ある制度を変えるということは他の制度に影響を与えるかもしれず，慎重な検討が必要になるためである。

　そこで，ここでは現実の複雑さをある程度シンプルにして，管理会計制度を中心としたマネジメント・コントロールを実現するマネジメント・コントロール・システムについての考え方の一つを示すことにする。

　まず，経営戦略を実行するためにマネジメント・コントロール・プロセスが構築されるが，それによりマネジャーあるいはマネジャーが責任を持つ組織の従業員にも影響が及ぶ。ここでレスポンシビリティ・センターの構造との兼ね合いによってどのような組織にどのようなマネジメント・コントロール・プロセスを適用すべきかを考えることになり，レスポンシビリティ・センターを考えるために組織構造とマネジメント・コントロールは強く関係しているといえる。また，サイモンズ（Simons, 1995）が指摘したように，マネジメント・コントロールの考え方はトップ・マネジメントが戦略を考えることが可能なことを前提としているが，変化の激しい現在ではこのようなことは難しいとも考えられる。したがって，戦略とマネジメント・コントロール・システムはどちらが先と言い切れるものではない可能性もある。こうした状況下において，重要になることは組織内のコミュニケーションであり，**組織文化**であるともいえる。これまでの考え方を示した図が**図表11.4**になる。

　したがって，マネジメント・コントロールと管理会計の各制度とは切っても切れないのであるが，全く同じとも言い切れない関係にある。管理会計の各制度は，必ずしもマネジメント・コントロールのために設計がなされてはいないものもあるし，またマネジメント・コントロールには管理会計制度ではない経営システムも関連するためである。とはいえ経営活動を推進するためには両者の関係性は強く，両者の関係性を意識する必要がある。

166 第11講 管理会計とマネジメント・コントロール

図表 11.4 マネジメント・コントロールと管理会計制度

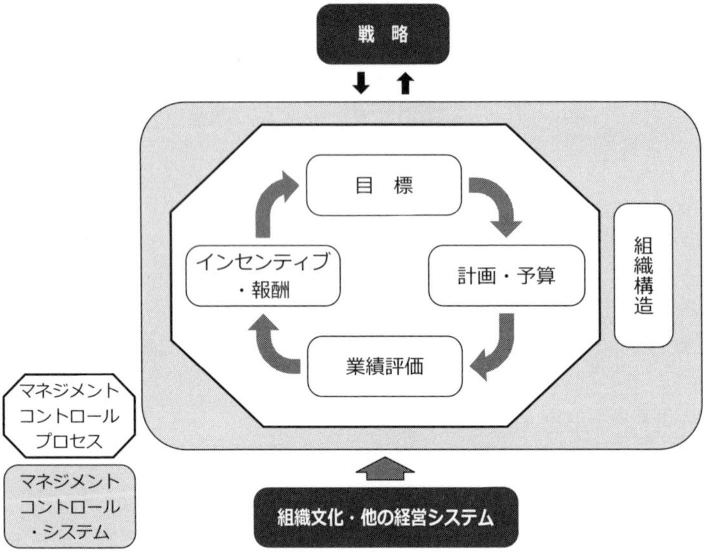

（出典） 横田・金子（2014）を一部筆者修正

●練習問題●

問1 マネジメント・コントロールの目的を述べなさい。

問2 マネジメント・コントロール・プロセスを構成する管理会計の仕組みはどのような制度か述べなさい。

【推薦文献】

青木康晴（2024）『組織行動の会計学——マネジメントコントロールの理論と実践』日本経済新聞出版。

伊藤克容（2019）『組織を創るマネジメント・コントロール』中央経済社。

横田絵理・金子晋也（2014）『マネジメント・コントロール——8つのケースから考える人と企業経営の方向性』有斐閣。

第**12**講

グループ経営と管理会計

近年，グローバル展開を行っている企業グループが数多く見受けられる。一つの企業としてのマネジメント以上にグループ会社のマネジメントは複雑で困難である。この講では，こうした企業グループの経営に役立つ管理会計について考える。

12.1 企業グループの全体像

12.1.1 企業グループの構成

企業グループとは**核となる会社を中心とした企業集団**であり，この企業集団全体を対象として経営を行うことを**グループ経営**という。企業グループというからには少なくとも2社以上の会社が含まれ，そこには親会社と子会社が存在する。

親会社とは，「株式会社を子会社とする会社その他の当該株式会社の経営を支配している法人」である（会社法2条4号）。対して**子会社**とは，「会社がその総株主の議決権の過半数を有する株式会社その他の当該会社がその経営を支配している法人」である（会社法2条3号）。親会社は企業グループの中核を担うため**グループ本社**とも呼ばれる。また，子会社の株式を保有することから**持株会社**（holding company）ともいう。

会社法の定義からもわかるとおり，企業グループにおける親子関係は支

第 12 講　グループ経営と管理会計

図表 12.1　企業グループの構成例

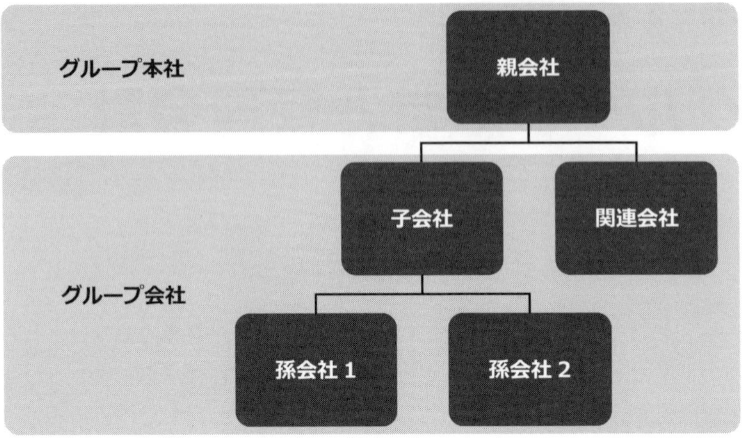

グループ本社　親会社

子会社　関連会社

グループ会社

孫会社 1　孫会社 2

配・被支配の関係から説明される。文字どおり，子会社の経営を支配するの
が親会社である。それでは経営の支配とは何か。上述したように会社法では
50％を超える株式（議決権）を他社に保有されている場合，その会社の子会
社となる。すなわち子会社は資本関係を通じて親会社によって株主総会を支
配されている会社である（持株基準）。保有株式（議決権）が 50％以下の場合
であっても親会社，子会社関係とみなされることがある。それは親会社が他
社（子会社）に対して実質的な支配力を有する場合である（支配力基準）。例
えば，子会社の取締役会の過半数が親会社から派遣された役員で占められる
場合など事業方針の決定を行う意思決定機関を親会社が実質的に支配してい
る場合である。

　他方，企業グループには関連会社と呼ばれる会社も存在する。**関連会社**と
は，「会社が他の会社等の財務及び事業の方針の決定に対して重要な影響を
与えることができる場合における当該他の会社等（子会社を除く。）」であり
（会社計算規則第 2 条 3-21），簡潔にいえば，親会社が単独，あるいは子会社
と協力して財務や事業方針に重要な影響を与えられる会社を指す。

　図表 12.1 で例示したように企業グループは親会社を中核に，子会社，さ
らにその子会社によって支配された子会社（孫会社）というように多層に構

成されることがある。これら子会社や関連会社，孫会社を総称して**グループ会社**という。ここで**図表12.1**はあくまでも一例であることに注意が必要である。資本市場の発達を背景に子会社や関連会社の設立あるいは他の企業への売却・清算は比較的容易になってきており，戦略や環境の変化に応じてある程度柔軟に拡大・縮小できるため企業グループの規模や構成は一様ではない。

12.1.2　グループ会社の機能とグループ会社間の関係性

第6講において1つの組織を製造部門や販売部門などの仕事の機能によって分ける組織形態（機能別組織）や，提供する製品・サービスなどによって分ける組織形態（事業部制組織）を紹介した。企業グループにおいても，基本的に各グループ会社は，製造や販売など1つの機能を持つ機能会社や製品・サービスを提供するひとしきりの機能を持つ事業会社としての役割を持つ。事業会社としてのグループ会社は製造している製品や提供するサービス，あるいは提供先の顧客や地域ごとに展開される。機能別の形態をとる企業グループではそれぞれ機能子会社を展開する。例えば，製品の製造・販売を行っている場合，グループ会社の一つであるAが製造を，グループ会社の一つであるBが販売を担うといった具合である。

メインとなる業務によって子会社が分けられると，**間接業務**（法務，人事，総務，経理，財務など）については各グループ会社がそれぞれ行うことになる。こうした間接業務が各社に分散するのをやめ，**グループ会社全体の経営資源を効率化**しようという観点から，すべての子会社が共通して行っている間接業務について集約しようという発想が生まれる。これを**シェアードサービス**（shared service）といい，そのための子会社（シェアードサービス会社）を設立する企業グループも少なくない。

また，各子会社間には取引関係が成立していることがある。上記の例でいえば，グループ会社Bがグループ会社Aから製品を購入し，それを外部へ販売するといったような取引関係が考えられる。あるいは同じ企業グループ内においてグループ会社Aは家電製品事業を，グループ会社Bは金融事業を行っているといった事業子会社間の場合でも，グループ会社Bがグループ会社

Aに金融サービスを提供しその対価を受け取るといった取引関係が考えられる。こうした子会社間の取引関係にも**第8講**にて説明した振替価格の諸課題を考慮する必要があり，海外子会社との取引ともなれば後述の移転価格税制の問題も検討しなければならない。

12.1.3　企業グループのグローバル展開

グループ会社のすべてが国内にあるわけではない。国境を越えて他の国に子会社を設立することも多い。国内に存在する子会社が国内子会社と呼ばれるのに対し，親会社と所在国を異にする子会社は**海外子会社**と呼ばれる。

1960〜70年代にかけては，特にヨーロッパ諸国において海外市場への直接投資によってグローバル展開を行うという風潮があった。海外子会社のほとんどは単なる拠点として設立され，その役割も明確に決まっていた。当時は親会社による海外子会社の支配が強い企業グループがほとんどであり，海外子会社は企業グループ戦略の忠実な実行者としかみなされていなかった。しかしながら1980年代以降，海外子会社の役割は変化することとなる。市場のグローバル化が進むにつれて，グローバルに展開する企業グループは標準化と統合による競争優位の獲得を模索するようになったのである。その結果，海外子会社は単なる生産拠点や販売拠点としてではなく，さまざまな機能を持ち自律的に活動することが求められるようになった。

国内子会社と比較して海外子会社は，親会社から地理的に遠く離れた場所にあり，時刻や気候，言語，通貨，法律，文化，政治，社会などあらゆる面で違いがある。また，技術の発達により海外子会社とのコミュニケーションや業務の標準化がある程度容易になったとしても，海外子会社は現地の顧客やサプライヤー，法制度などへ迅速に対応しなければならない。このように海外子会社はローカル特有の課題を抱えることが多く，親会社からはそれぞれの課題や原因が見えづらいため解決策を講じることが難しい。そのため，親会社にとって国内子会社のマネジメントよりも海外子会社のマネジメントの方がより複雑で困難であるといわれている。

海外子会社のマネジメントの困難性を緩和するための一つの方法として，当該地域統括本社を設立することがある。地域統括本社は，海外における複

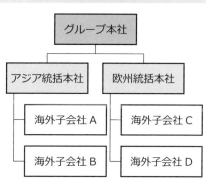

図表12.2　地域統括本社の設置

数のグループ会社を地域ごとに括ってマネジメントするため設立される（図表12.2）。例えば，東南アジア各国に点在しているグループ会社を取りまとめるために，同じ東南アジアのシンガポールに地域統括本社が設立される。地域統括本社は海外子会社に近い環境にあるため，子会社に対して的を射たサポートやマネジメントを素早く行える。また，グループ本社にとっても地域ごとの問題とその所在が明確になるため対処しやすくなる。

12.1.4　グループ本社の役割

　グループ本社は，グループ会社の直接的または間接的な株主であると共に，グループ全体の戦略策定やマネジメントを行う経営者でもある。グループ本社の重要な機能は，グループ全体の戦略および計画の策定とその遂行管理である。すなわち，企業グループの戦略，計画の策定やその遂行のために必要となるあらゆる情報を収集し，（必要であれば）加工を施し，必要とする子会社に伝達することがグループ本社には求められる。

　企業グループには，事業持株会社制と純粋持株会社制の大きく2つの形態が存在する。**グループ本社自らも何らかの事業を自ら行っている場合は事業持株会社制**であり，グループ本社のことを事業持株会社とも呼ぶ。対して，グ**ループ本社が事業を行わず，企業グループ全体の戦略策定やマネジメントに専念している場合には純粋持株会社制**であり，グループ本社のことを純粋持

株会社と呼ぶ。

　純粋持株会社制はグループ本社がグループ全体の戦略，計画の策定および
その遂行管理により集中できる組織形態である。純粋持株会社制では各事業
に関する責任，権限を子会社に委譲しているため事業に関する課題や対応は
主に子会社内で議論され，グループ本社は各子会社の状況を把握しグループ
全体のマネジメントに努めることができる。各事業の遂行とそれらをまとめ
る役割とが明確に区別可能である。一方事業持株会社制では，グループ本社
としての役割は変わらないが，グループ本社自らも事業を担っている。事業
持株会社の本社はグループ全体の課題と自らが担っている事業特有の課題双
方を担っており分離することは難しい。

　しかしながら，必ずしも純粋持株会社制が優れているというわけではない。
純粋持株会社制では，各事業が1つの会社として法的にも独立することにな
るため，グループ会社はそれぞれ高い自律性を有し，事業間，グループ会社
間の壁が高くなる。これは事業間，グループ会社間の情報共有の制限や部分
最適な意思決定の助長につながる。こうした問題が顕著である場合，純粋持
株会社制から事業持株会社制へと変更することで主力事業を中心とした一体
感の醸成，企業グループ内の情報共有の促進を図る場合もある[1]。

　したがって，純粋持株会社制あるいは事業持株会社制のどちらの強みを必
要とするかは企業グループそれぞれが置かれている状況によって異なる。ど
のような特徴を持ち，どのような課題に直面しているのか，どのような対応
が必要なのかを考慮すべきである。加えて，事業持株会社制を採用するのか，
あるいは純粋持株会社制を採用するのかに応じて，それぞれに適当なマネジ
メント・コントロール・システムを考えていかなければならない。そこで，こ
うした課題を考えるための一つの事例として，次にパナソニックグループを
取り上げる。

---

[1] 内山（2017），横田（2017）

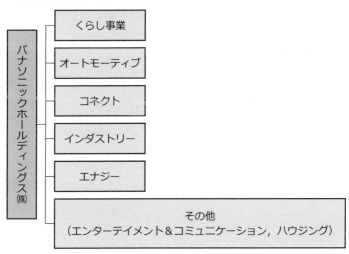

図表 12.3　パナソニックグループの事業構成

(出典)　パナソニックホールディングス株式会社，第 117 期有価証券報告書を参考に筆者作成

12.1.5　純粋持株会社制への移行――パナソニックの事例
(1) パナソニックグループの構成

　パナソニックグループは，パナソニックホールディングス株式会社を中心とした総合エレクトロニクスメーカーである。連結子会社 511 社，持分法適用会社 67 社の計 578 社のグループ会社を有する企業グループである[2]。パナソニックグループの事業は，くらし事業，オートモーティブ，コネクト，インダストリー，エナジー，エンターテイメント&コミュニケーション，ハウジングから構成されている（図表 12.3）[3]。

(2) 純粋持株会社制への移行[4]

　パナソニックグループのグループ本社（パナソニックホールディングス株式会社）は純粋持株会社であり，グループ戦略の策定，グループ経営のモニタ

---

[2] 117 期（2023 年 4 月 1 日～ 2024 年 3 月 31 日）有価証券報告書より。
[3] 117 期（2023 年 4 月 1 日～ 2024 年 3 月 31 日）有価証券報告書より。
[4] パナソニックグループでは当該体制を事業会社制と呼称しているが，純粋持株会社制にあたる組織形態のため，本講では純粋持株会社制としている。

174　第 12 講　グループ経営と管理会計

リング機能を担っている。パナソニックグループはもともとパナソニック株式会社のもとカンパニー制（第 6 講 6.3.4 参照）を採用していたが，2022 年度よりパナソニックホールディングス株式会社（社名変更）をグループ本社とする純粋持株会社制へと移行した。それに伴い，パナソニック株式会社の商号は事業子会社が使用する形で承継された[5]。パナソニック株式会社は現在くらし事業のみを担う事業子会社となっている[6]。

　パナソニックグループは「持株会社制への移行について」（パナソニック株式会社 2020 年 11 月 13 日プレスリリース）において，純粋持株会社制へと移行する背景および目的について以下のように述べている。

> 「当社グループを取り巻く事業環境は，各国の政治・金融情勢や保護主義の広がり，新型コロナウイルスの影響による市況の冷え込みなど，その変化が年々激しさを増している状況にあります。不透明な状況が続く中，より中長期的な視点でグループの経営を深化させ，成長をより確かなものにしていくために，本日，当社グループは持株会社制への移行を決議いたしました。
>
> 　持株会社制へと移行することにより，分社化された各事業会社は，より明確になった責任と権限に基づき自主責任経営を徹底いたします。これにより，各事業会社は，外部環境の変化に応じた迅速な意思決定や，事業特性に応じた柔軟な制度設計などを通じて，事業競争力の大幅な強化に取り組みます。」

　すなわち，責任権限を明確化し，グループ会社の自律性を高めることで，激化する環境変化に対応するための迅速な意思決定の実現を企図している。
　また，グループ本社の役割として「各事業会社の競争力強化の積極的な支援」，「グループ全社視点での成長戦略の推進」を実施することでグループとしての企業価値向上を掲げている[7]。

---

[5] パナソニック株式会社 2020 年 11 月 13 日プレスリリース「持株会社制への移行について」より。

[6] 117 期（2023 年 4 月 1 日〜 2024 年 3 月 31 日）有価証券報告書より。

[7] 114 期（2020 年 4 月 1 日〜 2021 年 3 月 31 日）有価証券報告書より。

(3) 純粋持株会社制への移行の影響

2024年現在，純粋持株会社制への移行間もないパナソニックグループでは，主に有価証券報告書において，移行の影響や成否について示している。

まず，純粋持株会社制への移行直後にあたる2022年度（116期）の有価証券報告書では，「組織の多層化による意思決定スピードの低下や，各社で独立した管理業務が発生することによるコスト増加等により，当初期待した成果が十分に得られない可能性が」あるとし，こうした状況に対応するために，「必要な権限は事業会社へ委譲することで，意思決定の専門性とスピードを強化し，2022年度は多くの決裁を事業会社で完結する運用」としたことを報告している。

2023年度（117期）有価証券報告書では，「各事業の成長性を見極め，グループ内で将来にわたってお役立ちを果たせる事業か，あるいはグループ外での競争力獲得が事業の成長のスピードに寄与するか，ベストオーナーの視点に基づく事業ポートフォリオの見直しを実施」していることをその具体例を伴って報告している。

12.2　企業グループにおける管理会計の特徴と課題

ここまでは企業グループがどのような特徴を有するのかについて，その構成を中心に説明してきた。企業グループの形成は単一企業とは異なるともいえるが，一方では組織分権化の延長ともいえる。したがって管理会計を考えると，事業部制やカンパニー制をとる分権化した単一企業とは大差ないのではないかという見方もある。はたして企業グループと単一企業において管理会計上，検討しなければならない事項は同じなのか。以降では単一企業と企業グループとの違いを中心に企業グループに特有の管理会計上の特徴や諸課題について議論していく。

12.2.1 企業グループの業績評価

　日本では1997年に独占禁止法の改正に伴い純粋持株会社が解禁され，2000年3月決算より連結決算中心の開示へと移行した。上場会社の株主や投資家などの利害関係者は，公開されている連結財務諸表を通じて企業グループの財政状態や経営成績を把握することができる。

(1) 資本効率に関する業績評価指標の適用

　企業グループにおいて，子会社は独立した法人格を有するため，各子会社もそれぞれ財務諸表作成の義務が発生する。この点が事業部やカンパニーなどの社内組織の業績評価と子会社の業績評価との大きな相違点を生む。

　単一企業では，事業部や1990年代のソニーのカンパニー制に代表されるような社内カンパニーが（疑似的な）貸借対照表を作成するケースもあるが，社内組織であるためどうしても**みなし部分**が存在する。すなわち，利益や資本とその効率に関する責任・権限が明確とは言い難く，ROIなどの資本効率に関する業績評価指標の適用はハードルが高い。そのため，簡便さや明瞭さを理由として売上高や営業利益，経常利益などが業績評価指標として用いられることが多い。

　一方で子会社は財務諸表を作成するため，利益や資本とその効率に関する情報および責任・権限について明確となる。そのため，**資本効率に関する業績評価指標**を適用しやすい。資本効率に関する指標を上手く使うことができれば，企業グループの全体最適を促進し，子会社トップの経営意識の改革にもつながる。

(2) 企業グループ全体の業績評価と子会社の業績評価

　昨今，企業価値を重視した経営の重要性が強調されており，経営陣が特定の指標を選択し，その向上に注力することを利害関係者にアピールする企業グループも少なくない。しかし，これらの指標がそのまま子会社に対する業績評価指標として必ずしも有用ではないことに注意が必要である。先述のとおり連結財務諸表の対象は制度会計により定められているが，企業グループのパフォーマンスや今後の方針を検討する上で適切とは限らないのである。企業グループとしての戦略や目標を達成するために，各グループ会社の活動と企業グループ全体として目指す方向を合わせることが業績評価の目的であ

る。そのためには，コア事業やサプライチェーンに直接関係する業績情報のみを抽出したり，あるいは連結対象外の会社の情報を含めた方が有用となることもある。加えて，経営陣が連結財務諸表を重視した経営に固執しすぎると，連結対象から外されているグループ会社に対する関心が低くなることも懸念される。

12.2.2 振替価格と移転価格税制

振替価格は，企業内部の事業部門間で製品やサービスの取引を行う際に設定する価格のことを指す（第8講参照）。先に述べたとおり，企業グループにおいてもグループ会社同士で取引が行われることもある。この場合独立した企業同士の取引ではあるが，連結対象であれば取引については振替価格同様相殺されることもある。

しかしながら，海外子会社との取引については，特有の問題を考慮しなければならない。

例えば，日本で製造した製品をシンガポールで販売する場合，日本の製造会社はシンガポールの販売子会社に対して製品を輸出（販売）する必要がある。その際に設定される価格は企業グループ内の取引になるため，**第8講**で議論した問題を考慮しながら両社が納得する価格であれば自由な価格を設定できそうである。しかし，この価格（移転価格）[8]の設定次第で各国で支払う税金が大きく変化するため，これを考慮して価格設定をする必要がある。すなわち，移転価格税制を考慮しなければならないのである。

移転価格税制とは，グループ会社ではない企業グループ外の会社に販売する場合の価格（独立企業間価格）と企業グループ内の海外子会社に対して設定している振替価格が異なる場合，企業グループ外の会社に販売する場合の価格で取引したとみなして課税がなされるという制度である。例えば，独立企業間価格を150，海外子会社への振替価格を100としていた場合（独立企業間価格＞振替価格），海外子会社との取引も独立企業間価格と同じ150の価格とみなされて課税される。こうした移転価格税制へと対応しながらも，業績

---

[8] 海外のグループ内会社との取引の際に設定される価格を「移転価格」と呼ぶ。移転価格も振替価格も英語では "transfer pricing" である。

178 第12講 グループ経営と管理会計

評価の妥当性を確保し，かつ子会社を目標達成へとモチベートしなければならないことは単一企業にはない，グローバルな企業グループ経営特有の問題である。

12.2.3 全体最適と部分最適の斉合とマネジメント・コントロール

全体最適と部分最適の斉合はマネジメント・コントロールの中心課題であるが，企業グループは部分最適問題が顕著となりやすい。その理由は3つある[9]。1つ目は，企業グループの構成要素はそれぞれが独立した企業であるために，必ずしも親会社の意向にしたがうわけではない。2つ目は，個々の企業の評価が利益に関連した指標で行われる限り，企業グループを構成する企業（子会社・関連会社）が自社の利益の最大化を図ることを止めることは難しい。3つ目には企業グループの構成要素は，個々の企業だけでなく，事業ごとの連結セグメントで分割することが可能であり，企業をまたいだセグメント間の調整という問題が生じる。

単一企業と企業グループとの大きな違いは分権化の程度であり，それに伴うグループ本社とグループ会社（単一企業では本社と部門）との組織的な隔たりである。子会社は法的にも独立しているため，いくら親会社と支配・被支配の関係にあるとはいえ単一企業の本社と事業部との関係ほどではなく，分権的で自立しているといえる。企業グループではグループ会社ごとの財務情報は財務諸表を通じて共有されている。しかしながら，財務情報以外の情報，例えば子会社の置かれている環境や状況についての情報などは共有されにくく，子会社の活動プロセスやその背景について本社は把握しづらく理解も難しい。孫会社も含めるとなれば尚更である。そのため，グループ本社はグループ会社の行動を企業グループ戦略に斉合するためにより一層の工夫が求められるだろう。

加えて，企業グループといっても，同じ国の中で展開した国内子会社よりもグローバルに展開した海外子会社のマネジメントの方がより一層困難とな

---

[9] 園田（2014, p.127)

る。それは親会社と子会社との間に存在する距離[10]が遠くなるほど，子会社の行動や状況を把握・理解することに対するコストが高まるといったいわゆるエージェンシー問題が深刻化することが一つの要因として挙げられる。

　企業グループにマネジメント・コントロール・システムを導入する際にはどのような点を考慮する必要があるのか。本書では2点挙げることとする。

　第1に，グループ会社に本社と同様の仕組みを採用させるべきかという点である。すなわち，親会社が子会社をマネジメントする際に用いるマネジメント・コントロール・システムと子会社が自身の会社内で（あるいは孫会社をマネジメントする際に）用いるマネジメント・コントロール・システムとの統一の問題である。これは，グループ本社が各グループ会社との関係性をどのようにとらえるかによって異なるだろう。

　例えば，グループ本社としての影響力を強めたい場合には，グループ共通の特徴を持ったマネジメント・コントロール・システムを導入することが考えられる。統一的な基準のもとでグループ本社はグループ全体の管理会計情報を把握しやすくなる。そうすることでグループ本社とグループ会社との間の組織的な隔たりをある程度緩和することが期待される。一方で，子会社の自立的な活動を促進したい場合には，あえてグループ本社とは異なる仕組みとすることも有用かもしれない。しかしながら，そうした場合にはシステムや業務統合の手間，およびそれに伴って発生する弊害を考慮する必要がある。

　第2に，グループ会社の事業内容や置かれている環境など固有の特性によって，**それぞれ異なる特徴を持つ仕組み**の導入を検討する必要がある。例えば，国内子会社と海外子会社それぞれの業績評価をする際に同一の指標を使うべきか否かについて検討しなければならない。同一指標で業績評価をすればグループ本社としてはモニタリングにかかるコストを抑えることができるだろう。規模など各グループ会社の特性を考慮して算出すればグループ会社同士の比較も可能となり，資源配分も効果的となるだろう。しかし，この各グループ会社の特性の考慮が論点となる。グループ会社の特性が考慮されずに比較されれば，グループ本社による誤った意思決定を誘発するだろう。加

---

[10] ここでいう距離は地理的な距離のみでなく，組織，文化，社会情勢，法制度，環境など親会社と子会社との間に存在するさまざまな隔たりを指している。

180 第12講 グループ経営と管理会計

えて，公平性を欠くことからグループ各社からグループ本社に対する不満が募ることも避けられない。

指標以外にも，さまざまなマネジメント・コントロール・システムについて検討する必要があろう。例えば，淺田ほか（2019；2020）では予算管理について，国内子会社を対象とする場合と海外子会社を対象とする場合とでは，それぞれに及ぼす影響が異なることを示唆している。

本講ではここまで企業グループに特有の管理会計上の特徴や課題について述べてきた。日本では純粋持株会社制の解禁をきっかけに，企業グループに適合的なマネジメント・コントロール・システムの整備が課題として挙げられてきた。しかしながら，今も企業グループにおける管理会計に関する研究は発展途上であり明確な解は得られていない。企業グループにおける管理会計，マネジメント・コントロールの解明は今後さらなる展開が期待される分野である。

12.2.4　企業グループの意思決定──M&Aと管理会計情報

企業グループには多くの企業が包含されているが，個々の企業は本社からすると一つの投資先ともとらえられる。したがって企業グループの本社にとってM&A（Mergers and Acquisitions）は重要な論になる。M&Aとは，企業の合併・買収を指す。M&Aは企業再編の一手段であり，経営資源の獲得や既存事業の拡大を企図して行われる。企業がM&Aを行うのは，合併・買収後の企業価値が合併・買収前の企業価値合計を上回るようなシナジー（相乗効果）が発生すると期待できる場合である。シナジーは事業同士のあらゆる関係性によって発生するが，シナジーが見込めるか否かなど，M&Aによるメリットが享受できるかを判断する際にも管理会計情報は役立つ。

例えば，戦略的意思決定（第4講）や経営分析（第3講）はM&A対象企業の選定を行う際に有用である。戦略的意思決定では，特にキャッシュ・フローの観点からM&A投資の評価を行うことになる。将来キャッシュ・インフローがM&A投資に必要となるキャッシュ・アウトフローを上回らないと判断されれば，M&A投資を行う必然性は失われるだろう。こうした将来キャッシュ・フローの評価について，シナジーの発生という観点から財務分析を

はじめとした経営分析が有用となる。財務分析は主に企業（あるいは事業）の収益性，生産性，安全性などを評価する。財務分析を行い M&A 対象候補の現状や抱えている課題などを把握することで，シナジーが発生する可能性の高い企業を選定することが可能となる。また，M&A の意思決定に際しては，客観的な企業価値の評価による M&A 前後の自社グループの現状把握や競合他社との比較が必要となるが，管理会計情報に基づく SWOT 分析や事業ポートフォリオマネジメントにより，多面的な視点から M&A の意思決定を行うことができる。

●練習問題●

問1 親会社と子会社（の関係性）について「持株基準」および「支配力基準」の観点から説明しなさい。

問2 単一企業と企業グループではどちらの方が部分最適問題が起こりやすいだろうか。理由と共に答えなさい。

問3 事業持株会社制と純粋持株会社制の違いについてより詳細に調べると共に，両制度におけるマネジメント・コントロールが異なるのかについて考察しなさい。

【推薦文献】

木村幾也編著（2005）『グループ企業の管理会計』税務経理協会。
園田智昭編著（2017）『企業グループの管理会計』中央経済社。

第13講

アメーバ経営

　日本企業において特徴的であるとされている管理会計の仕組みの一つとして，ミニ・プロフィット・センター（以下「MPC」と略）がある。MPC といっても各社ごとに仕組みや運用方法が異なっており，アメーバ経営やラインカンパニー制が典型例としてよく挙げられる。本講では，世の中で最もよく知られている京セラ株式会社（以下「京セラ」と略）のアメーバ経営に主に焦点を当てて学習していこう。

13.1　ミニ・プロフィット・センターとは

　MPC は，明確な定義づけはされていないものの，概ね「企業内部における現場の小規模組織に利益責任を負わせて管理するマネジメント手法」であるといえる。具体的には，事業部，職能部，工場，店舗といった単位ではなく，通常であれば，コスト・センターやレベニュー・センター（第 6 講参照）として扱われるような組織（例えば，製品を作る各工程）を 5 〜 50 人程度の小規模組織に細分化し，プロフィット・センター化することである。MPC を導入している組織の多くは，経営管理者側のマネジメントの側面だけでなく，現場の採算意識の醸成，現場に裁量権を持たせることで従業員のエンゲージメントの向上，リーダーの育成などさまざまな目的を持って導入されている。

　その MPC の典型例の一つとして，最もよく知られているのは京セラの創

業者稲盛和夫によって考案された**アメーバ経営**である。アメーバ経営は，京セラの成長を支えているだけではなく，2010年に経営破綻した日本航空株式会社の再建で導入されたことでも有名である。その他，京セラコミュニケーションシステム株式会社（旧KCCSマネジメントコンサルティング株式会社）のコンサルティングを受けて多くの日本企業の経営の土台にもなっている。次節以降では，単なる管理会計の仕組みではなく，組織づくり，企業理念の浸透，人材育成を含めた組織運営と連動した「京セラのアメーバ経営」に焦点を当てて学習していこう。

13.2　京セラのアメーバ経営

　京セラが創業後，急成長に合わせて規模が拡大していく過程において，稲盛氏は成長する会社をどのように運営していくか悩むと同時に，世の中に多くある官僚的組織になることを危惧していた。当時，小集団であれば任せられるリーダーが育っていると感じていた稲盛氏は，そういう人に小集団のリーダーを任せて管理するということを考えた。また，組織を1つの大きな括りでとらえてしまうと一人ひとりの責任の所在が曖昧になってしまい，自分が頑張らなくても何とかなると思ってしまうが，組織を小集団にすることで一人ひとりの活動がわかりやすくなる。そして小集団にも権限や責任を持たせることで，自分たちの活動に対する成果を求めるようになる。大きくなってきた組織を単に小集団に分けるだけでなく，その組織を独立採算にして小さな町工場のように運営できないかと考えたのである。この発想こそがアメーバ経営の原点である。

　独立採算で運営するためには損益計算書など決算書が必要であるが，現場のリーダーは専門的な会計知識を持たない人が多いため，誰でもわかるように損益計算書を工夫して「**時間当り採算**」という仕組みも考案した。現場ごとに異なる指標を使って活動するのではなく，共通の採算指標を活用することで共通言語化した。また，アメーバ経営では，小集団を**アメーバ**，その長

184 第13講 アメーバ経営

をアメーバリーダーと呼んでいる。アメーバリーダーが中心となり小さな町工場に見立てた小集団（アメーバ）を経営することで，組織の生産性の向上だけでなく，経営マインドを持った社員の育成にもつなげている。アメーバリーダーはどのような小集団にしたいのかビジョンを示し，メンバーを動機づけしながら全員で成果を出すことにコミットしていくのである。

　こうして誕生したアメーバ経営は，稲盛氏がさまざまな工夫を取り入れることで，会社全体の組織を，**臨機応変に分裂・統合が可能な小集団に細分化し，『時間当り採算』という独自の共通指標を用いて，全従業員に経営意識を醸成させながら独立採算型で運営・管理していく経営手法**として活用されている。

　アメーバ経営の目的を稲盛氏は「①市場に直結した部門別採算制度の確立，②経営者意識を持つ人材の育成，③全員参加経営の実現の3つである」（稲盛，2006，p.31）といっている。これらの3つの目的に合わせてアメーバ経営の概要を学習していこう。

13.2.1　市場に直結した部門別採算制度の確立

　アメーバ経営の第1の目的は，**市場に直結した部門別採算制度の確立**である。これがアメーバ経営の本質的な目的となっている。アメーバ経営では，細分化した小集団であるアメーバを小さな町工場のように考えている。町工場を経営するためには，現場従業員に「**売上を最大に，経費を最小にする**」という原則を理解し，実践してもらうことが必要である。そして，町工場の経営トップのようなアメーバリーダーが，**工場の実態を正確に把握し，正しい経営判断**を下せなければならない。

　そこで，まず「現場従業員に『売上を最大に，経費を最小にする』という原則を理解し，実践してもらう」ということについて考える。

　アメーバ経営では，製造部門，営業部門，間接部門を事業として成り立つ単位の小集団のアメーバに細分化し，それぞれに独立採算を求めている。アメーバの業績は，時間当り採算という独自の共通指標を用いて部門別採算を計算している。時間当り採算については後ほど詳しく触れるが，会計の知識がない現場の従業員でも簡単に計算できるように，「時間当り採算＝（総生産

－経費）÷総時間」というシンプルな算式で求められるようにしている。この時間当り採算を向上させるためには，「総生産を上げる，経費を下げる，時間を削減する」の3つの方法しかないため，「売上を最大に，経費を最小にする」という原則の実践にもつながっている。この実践によって，決められた仕事をより効率的に，自分が何をすればよいか考えることで小集団（アメーバ）における経営機能を果たせるようになる。

　次に「アメーバリーダーが，工場の実態を正確に把握し，正しい経営判断を下せなければならない」についてである。

　アメーバ経営では，「組織を細分化する際には，経営者の視点から見て，どのような単位で採算をとらえれば，経営の実態がより明瞭に見えてくるのかが鍵となる。経営者が会社という船を舵取りするうえで，船全体の動きが一目でわかるように，経営者の視点に立った組織編成をおこない，各部門の実態が手に取るように実感できることが大切なのである」（稲盛，2006，p.109）とされている。すなわち，規模が大きすぎてわからないような経営の実態や問題点を，小集団に細分化することで把握できるようにしている。そして，外部環境が激しく変化する中で，市場に直結させるために，市場変化に対応できるまで会社組織を細分化している。

　この他，一般的に製造業で用いられている標準原価計算ではなく，**売価還元原価法**による原価計算を行うことで，市場に直結させようとしている。売価還元原価法は，標準原価計算のようなコストの積み上げ式ではなく，**製品に当てはまる原価率を製品原価に乗じることで原価を算出する方法**である。これにより，現実の市場価格を反映した原価が算出でき，現場で利益を意識した原価管理が可能になる。具体的には，「与えられた標準原価で製品をつくることではなく，市場価格のもとに，自ら創意工夫をしてコストを引き下げ，自分の利益を少しでも多く生み出すこと」（稲盛，2006，p.136）を使命としている。また，市場ないし顧客に対する最終的な売価を踏まえてアメーバ間での社内売買を行うことで，より市場を意識させている

13.2.2　経営者意識を持つ人材の育成

　アメーバ経営の第2の目的は，**経営者意識を持つ人材の育成**である。京セラ

には多数のアメーバ組織があり，各々にアメーバリーダーを置いている。ア
メーバ経営誕生の背景に官僚的組織にしたくないという稲盛氏の考えがあっ
たため，アメーバリーダーは独立採算で利益責任を持つだけでなく，各アメ
ーバ組織に関するたいていの権限が委譲されている。すなわち，トップダウ
ン型組織ではなく，現場で創意工夫ができる組織づくりを目指している。

　例えば，京セラでは製品製造の工程の一つひとつがアメーバとして独立し
ており，各アメーバが利益を出すことを求められている。アメーバ間でモノ
が流れていくときに，単に原価ベースでの引き渡しではなく，アメーバ間の
話し合いで取引価格を決めている。つまり，アメーバ間で商売が行われてい
るといえ，これは社内売買と呼ばれている。そしてこの価格の決定権は社内
規定で決まっているのではなくアメーバリーダー自身が持っている。例えば，
社内からモノを購入するよりも社外からモノを調達する方がよいとリーダー
が判断すれば社外から購入することも可能である。同様に，モノを社内では
なく社外に販売することもできる。このように「値決め」はアメーバリーダ
ーに任されており，アメーバ間での取引も社外との競争にもさらされている
ことから，小さな町工場の経営者と同じだといえる。自アメーバの利益を出
すためにはどうすればよいかを常に考えることが求められる。

　また，アメーバ経営では規模が大きい組織を小さな組織に分けるだけでは
ない。リーダーの能力不足でアメーバが活性化していないと判断すれば，リ
ーダーがマネジメントできる規模まで小さく分裂させることもあれば，その
逆でアメーバを統合させて優秀なリーダーにマネジメントさせることもある。
状況に合わせて，分裂したり統合したり，柔軟な組織運営をするのもアメー
バ経営の特徴である。人材育成の観点でいえば，リーダーに選ばれる人の力
量などを勘案し，任せるアメーバ組織の規模を考慮することもできるのであ
る。

　現場の小集団のリーダーに経営を任せるという発想が非常にユニークであ
り，その意味で，アメーバ経営はそれ自体が人材育成のシステムにもなって
いる。

13.2.3　全員参加経営の実現

　アメーバ経営の第3の目的は，**全員参加経営の実現**である。アメーバ経営は，会社を小集団に分けて，アメーバリーダーが中心となってメンバー全員を経営に参加させている。その際，アメーバや会社の経営状況に関する主要な情報は，朝礼などを通して全従業員にすべて開示されている。このように，会社の情報をできるだけ公開することで，全従業員が自主的に経営に参加する土壌ができあがり，全員参加経営を可能にしている（稲盛，2006）。

　全従業員が組織の現状をとらえ，市場変化に対応するために活発なコミュニケーションを行うために，誰にでもわかるシンプルな「時間当り採算」という共有指標を活用して，全従業員に情報共有している。情報の見える化を図ることが，全従業員を巻き込む工夫につながっている。

13.3　アメーバ経営の特徴的な組織運営

13.3.1　アメーバ経営の管理会計──時間当り採算制度

　アメーバ経営の中で重要な管理会計の制度として位置付けられ，独自の共通指標として用いられている時間当り採算制度について，本節で詳しく学習する。

　時間当り採算は，各アメーバで算出され，これをもとに各アメーバの業績評価が行われている。**図表13.1**は製造部門と営業部門のアメーバの時間当り採算表の例である。このように製造部門と営業部門で少し計算方法が異なるが，時間当り採算は，差引売上・収益といった**アメーバごとの利益をアメーバ構成員の総労働時間で除して算出**される。つまり，各アメーバが1時間当りいくらの付加価値を上げたのかを求めることができる。このように，時間当り採算表は家計簿的な単純な構造になっており，全従業員が理解しやすくなっている。アメーバリーダーや従業員は，時間当り採算表を活用することで，例えば，どの経費を使いすぎているのかなど，問題の特定が一目瞭然となる。

188　第13講　アメーバ経営

図表13.1　時間当り採算表

・製造部門の採算表

総出荷	(円)	A
社外出荷		
社内売		
社内買	(円)	B
総生産	(円)	C＝A−B
経費合計	(円)	D
原材料費		
金具・仕入商品費		
外注加工費		
修繕費		
………		
工場経費		
内部技術料		
営業・本社経費		
差引売上	(円)	E＝C−D
総時間	(h)	F
定時間		
残業時間		
部内共通時間		
当月時間当り採算	(円/h)	G＝E÷F
時間当り生産高	(円/h)	H＝C÷F

・営業部門の採算表

売上高	(円)	A
総収益	(円)	B＝A×口銭率
経費合計	(円)	C
電話通信費		
旅費交通費		
販売手数料		
販促費		
広告宣伝費		
………		
賃貸料		
本社経費		
差引収益	(円)	D＝B−C
総時間	(h)	E
定時間		
残業時間		
部内共通時間		
当月時間当り採算	(円/h)	F＝D÷E
累計時間当り採算	(円/h)	G
一人当たり売上高	(円/人)	H＝A÷I
人員	(人)	I
受注額	(円)	J

(出典)　三矢・谷・加護野（1999）より筆者作成

　ここで，この計算構造の注意点は3つある。

　まず1点目は，経費についてである。経費には直接経費（原材料費，外注加工費等），間接経費（修繕費，電力水道料等），金利償却（固定資産金利，在庫金利），振替経費（部内共通費，工場経費，本社経費等）など，アメーバに関連する月次内に発生した全費用が含まれる。しかし例外として，労務費は経費に含んでいない。その理由は，労務費を金額で表すと，かえってアメーバ経営がやりにくくなることが挙げられる。現実には従業員それぞれ給料は違うため，もし現場のリーダーに従業員別の給料を教えてしまうと，同じアメーバ内の給料の高い人が外されるということになりかねない。同じような能力の持った従業員であれば，給料の高い人より低い人を使う方が時間当り採算を高くすることができるからである。このように，労務費ばかりに目が向け

られ，経営全般に対する改善や改良といったアメーバ本来の機能を果たさなくなる恐れもある。「売上最大，経費最小」という経営の本質を追求するために，労務費の抑制ではなく，従業員の創意工夫による経営効率の向上を目指している。

2点目は，総時間についてである。総時間には，アメーバ構成員の「定時間」と「残業時間」，間接部門で働く人々の配賦時間である「共通時間」，さらにはアメーバ間で人員の貸借を行っている場合には「振替時間」が含まれる。昨今，企業には働き方改革が求められ，「時間当り生産性」が注目されるようになっているが，アメーバ経営では早くから時間の概念を現場の経営活動に組み込んでいるといえる。

3点目は，営業口銭についてである。営業部門は製造部門で製造された製品の販売を行うが，アメーバ経営において，当該製品の売上高は製造アメーバで計上される。その代わり営業アメーバは，当該売上高の一部を**営業口銭**（＝売上高×口銭率），すなわち営業手数料として受け取り，これを収入としている。この口銭率は，ビジネスの形態や扱う製品の種類によって設定されており，原則変更しないことになっている。一般企業では，売上高と製造原価との差額，つまり粗利益を営業側の成果の指標としてとらえることが多いため，アメーバ経営の特徴的な考え方の一つといえる。

また，営業収益や製造収益などは，「間接部門の経費なども全て配賦されているため，各アメーバの利益を単純に合計すると全社利益と等しくなる」（上總，2007，p.8）とされている。時間当り採算で会社全体の数字をとらえようとする場合，アメーバ単位で算定された数字をすべて合算すると求められることになる。「実際，京セラでは，月次決算と時間当たり採算の数字はほとんどずれることがない。単純に言ってしまえば，時間当たり採算で出した利益額から，人件費を引くだけである。時間当たり採算は，何も現場向けの架空の数字ではなく，決算資料と有機的に結びつけている」（三矢ほか，1999，p.124）といわれている。この点から，積み上げられた各アメーバの時間当り採算は，会社全体の財務会計と連動しているということができる。

ここまで見てきた時間当り採算の計算構造から，時間当り採算制度の特徴を**図表 13.2** のようにまとめることができる。

190   第13講　アメーバ経営

図表13.2　時間当り採算制度の特徴

- ・現場にまで数字を浸透
- ・活動を常に金額で表示
- ・時間に対する意識の醸成
- ・営業と製造が密に連携
- ・会社の財務会計と連動

　全従業員は，いかなるときでもこの時間当り採算表を用いて経営活動を行っており，基本的にアメーバごとに毎日計算されている。各アメーバの月次実績は，1ヵ月分を積み上げることで求めることができる。したがって，年度計画であるマスタープランや月次計画の作成時，経営会議・朝礼などで，この誰にでもわかるシンプルな時間当り採算表を用いて PDCA（Plan → Do → Check → Action）サイクルを回している。アメーバ経営では毎日各アメーバの時間当り採算が計算されることで，活動のデータフィードバックが行われている。すなわち，日々の活動の軌道修正をタイムリーに行うことができ，PDCA サイクルを回すのにも有効になっている。

13.3.2　アメーバ組織

　アメーバ経営では，町工場のような独立採算の小集団に分けているが，アメーバ経営を実践していくためには組織の作り方も重要である。むやみやたらに組織を小集団に分ければいいわけではない。そもそも独立採算できるような単位である必要があり，さらにアメーバの数が多くなると，組織間の調整コストがかさみ，企業の方針の徹底も難しくなる。そこで稲盛氏は組織の分け方として3つの条件を示している。

　第1の条件は，「切り分けるアメーバが独立採算組織として成り立つために，『明確な収入が存在し，かつ，その収入を得るために要した費用を捻出できること』」（稲盛，2006，p.61）である。

　第2の条件は，「最小単位の組織であるアメーバが，ビジネスとして完結する単位であること」（稲盛，2006，p.62）である。

　アメーバが独立採算ではなく，自分たちがいくら創意工夫したとしても成

果につながらなければ，現場の従業員のモチベーションも向上しない。また目標達成したときのやりがいを持つこともできない。それでは意味がないと考えている。

第3の条件は，「会社全体の目的，方針を遂行できるように分割すること」（稲盛，2006，p.64）である。事業として成り立つ単位であったとしても，会社の方針が阻害される場合や全社利益につながらない場合は独立させてはいけない。

これら3つの条件を満たすことがアメーバ経営における組織づくりの重要な点である。そして，**アメーバ組織**は名前の由来のとおり，一度組織を作ったらそれが固定化されるのではなく，**柔軟に変化させる**ことができる。経営状況やお客さまのニーズ，競合他社の戦略など，社内外の急速な変化に即座に対応できるように，アメーバ組織を分裂したり，統合したり，そのときどきの状況に合わせて対応させる。組織の括りは経営陣が決めるもので，現場では変えられないものとするのではなく，現場で柔軟に対応させることができるということもアメーバ経営の特徴といえる。

13.3.3　京セラフィロソフィ（経営哲学）

京セラでは，企業理念と社是の実現を目指して，「京セラフィロソフィ」という経営哲学をまとめ，それらを経営幹部および現場従業員に浸透させることを重視し，実践してきた。全従業員が何の疑いもなく集中して仕事に打ち込めるようにするためには，経営理念や経営哲学が重要だと稲盛氏は考えていたからである。この京セラフィロソフィには，「人間として何が正しいのか」をベースに，京セラにおいて正しい経営の実践および正しい仕事への取り組みをする際の判断のよりどころとしてまとめている。例えば，「値決めは経営」，「責任の明確化」，「自分の食い扶持は自分で稼ぐ」，「時間の重視」，「大家族主義」，「全員参加経営」，「高い目標を持つ」などである。特に，会計に関わるフィロソフィとしては**図表13.3**のように「京セラの会計原則」をまとめている。

これまで見てきているように，アメーバ経営は小集団独立採算による全員参加経営を行っており，アメーバリーダーは経営者として自身で判断できる

192   第13講　アメーバ経営

図表 13.3　京セラの 7 つの会計原則

一対一対応の原則	モノやお金の動きを一対一対応で把握し，ガラス張りで管理する原則
ダブルチェックの原則	すべてのプロセスにおいて，複数の人間や部署が二重にチェックを行う原則
完璧主義の原則	経営目標の達成に関して，製造部門，営業部門，管理部門問わずに，完璧な遂行が要求される原則
筋肉質経営の原則	利益を生まない在庫や設備といった余分な資産を一切持たないようにする原則
採算向上の原則	「売上を最大に，経費を最小にする」という経営の原理原則を実践し，採算を向上させるという原則
キャッシュベース経営の原則	お金の動き，すなわち「キャッシュ」に焦点を当て，これをベースにしたシンプルな経営を行うという原則
ガラス張り経営の原則	会社の経営数字を，幹部から現場従業員までよくわかるようにガラス張りにしておくという原則

（出典）　稲盛（1998），（2006）より筆者作成

ように多くの権限を委譲している。各アメーバが自分の利益だけを求めて全社的視点から逸脱しないようにするためにも，アメーバリーダーが京セラの経営者として正しい判断ができるようにするためにも経営哲学が土台となり非常に重要な役割を果たしているのである。

　以上のように，アメーバ経営は単なる管理手法ではなく，現場の活性化やリーダー育成，全員参加経営の実現などを実現するためにさまざまな工夫が盛り込まれた仕組みといえる。

●練習問題●

問 1　次の空欄に入る言葉を埋めなさい。

(1)　ミニ・プロフィット・センター（MPC）とは，通常であれば［　①　］やレベニュー・センターとして扱われる組織を 5 ～ 50 人程度の小規模組織に細分化し，［　②　］化することである。

(2)　稲盛氏はアメーバ経営を「会社全体の組織を，臨機応変に［　③　］・統合が可能な小集団に細分化し，［　④　］という独自の共通指標を用いて，全従業員に経営意識を醸成させながら［　⑤　］型で運営・管理していく経営手法」であるとしている。

問 2　これまで MPC の研究は製造業を中心に多く行われてきた。非製造業の

MPC 活用において，MPC の特徴は製造業との違いはあるか？　導入時の成果は
どのようなものがあるか？　非製造業における MPC の活用を考えてみよう。

【推薦文献】

アメーバ経営学術研究会編（2010）『アメーバ経営学——理論と実証』KCCS マネ
　ジメントコンサルティング。

アメーバ経営学術研究会編（2017）『アメーバ経営の進化——理論と実践』中央経
　済社。

庵谷治男（2018）『事例研究——アメーバ経営と管理会計』中央経済社。

谷武幸・窪田祐一（2017）『アメーバ経営が組織の結束力を高める——ケースから
　わかる組織変革成功のカギ』中央経済社。

三矢裕（2003）『アメーバ経営論』東洋経済新報社。

第**14**講

原価企画

　原価企画とは，製品の企画・開発段階において，顧客ニーズに適合する機能・価格の目標と利益の目標を同時に達成することを志向した原価管理の手法である。原価企画は，1963 年にトヨタ自動車が，原価維持，原価改善と並んで原価管理の 3 本柱の一つとして位置付けたことがその起源とされる。そのため，原価企画はわが国において生成され，発展してきた独自の管理会計技法といえる。

　原価企画の第一の目的は原価低減にあるが，同時に顧客満足の増大や開発期間の短縮といった効果も期待される。その有効性は産業界に広く認められており，今日では自動車メーカーをはじめとする加工組立型産業を中心に多くの日本企業で実践されている。2019 年に実施された調査では，わが国の製造業の企業で，上場する企業のうち約82％が原価企画に取り組んでいると回答している[1]。

　本講では，原価企画がいかなる原価管理の手法であるのか，上記の目的や効果がどのような仕組みによって達成されるのかについて明らかにする。

---

[1] 吉田編（2022）の調査に基づく。本書掲載の調査では，東証一部・名証一部上場の製造業を対象とした調査で回答企業 92 社のうち 79 社（85.9％）が，それ以外の証券市場に上場する製造業を対象とした調査で回答企業 60 社のうち 45 社（75.0％）が原価企画を利用していると回答している。これらを合計すると回答企業 152 社のうち 124 社（81.6％）が原価企画を利用していることになる。

14.1 原価企画の基本思想

本節では，原価企画の根底にある基本思想である「源流管理」と「原価の作り込み」という考え方について整理する。

14.1.1 源流管理

　自動車，家電，IT機器など，われわれが日ごろ手にする製品は，それが販売されて消費者の手に届くまでに幾多ものプロセスを経ている。一般的に，製品が販売されるまでの流れは図表14.1のようにとらえることができる。

　①製品企画は，新製品を考案する段階である。製品のコンセプト，対象顧客，製品の機能・品質要件，価格設定などを，競合他社製品の調査や市場調査を行いながら決定する。②製品設計では，製品のデザイン，用いる部品や材料について，試作をしながら検討し，製品図面をつくり上げる。③生産準備では，製品の製造工程や部品・材料の調達先を決定する。ここまでで量産体制が整えることができて初めて，④製造，⑤販売を開始することができる。

　こうした一連の活動の中で，原価企画が提唱・確立される以前の従来型の原価管理は，専ら製品の量産段階において行われていた（図表14.2）。従来型

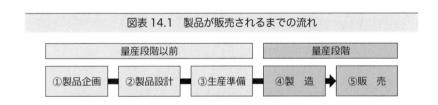

図表 14.1　製品が販売されるまでの流れ

図表 14.2　3つの原価管理手法の違い

	主な目的	適用段階
原価維持	原価の維持	量産段階
原価改善	原価の低減	量産段階
原価企画	原価の低減	企画・開発段階

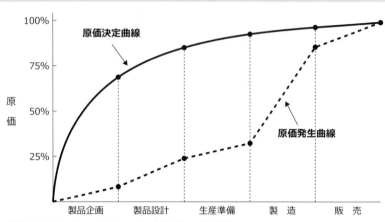

図表 14.3 原価決定曲線と原価発生曲線

（出典）田中（1995）p.10 をもとに一部の表現を改め，筆者作成

の原価管理とは原価維持と原価改善のことを指す。**原価維持**とは，量産中の製品について目標とする原価（標準原価）を維持するための日常的な統制活動である。また，**原価改善**は，目標利益を達成するために，量産中の製品について原材料や工程を見直し，原価低減を実現する活動である。一方，原価企画は，量産段階以前において企画・開発中の製品に対して行われる活動である。このように**生産の上流段階に行われる管理**のことは**源流管理**とも呼ばれ，従来型の原価管理と比べた際の根本的な違いの一つである。

源流管理を基本思想の一つとする原価企画は，原価改善と比べて大幅な原価低減が期待できる。それは，多くの原価が製造段階で発生する一方で，原価の大部分は企画・設計段階で，その発生額が決まってしまうからである。

図表 14.3 は原価発生を決定づける段階（原価決定曲線）と原価が実際に発生する段階（原価発生曲線）を概念的に示したものである。実際に原価が発生する以前の段階から原価の発生がほとんど決定づけられていることを示しており，源流管理の重要性を意味している。

14.1.2 原価の作り込み

原価企画のもう一つの基本思想である「原価の作り込み」という考え方に

ついて，従来型のアプローチとの比較の中で検討したい。従来型の原価・販売価格の考え方は，式に表すと以下のように示すことができる。

原価 ＋ 利益 ＝ 販売価格

すなわち，実際に生産が終わった段階で事後的に原価を集計し，それに一定の利益を上乗せして，販売価格を算定するというアプローチである。この発想の根底には，原価は「発生するもの」であって，その原価を回収できるように販売価格を設定し，利益を獲得しようとする考え方がある。

こうした従来型の考え方（プロダクト・アウト志向）は，全く新しい製品市場など，競争が激しくない製品市場においてはうまく機能するかもしれない。しかし，競合する製品が多い市場においてはどうであろうか。顧客は価格が安い他社の製品を求めたり，同じ価格であっても優れた品質・機能を持つ製品を求めたりするようになり，たちまち他社製品に太刀打ちできなくなってしまうことが考えられる。

原価企画においては，従来型とは真逆の考え方をとる。まず，マーケット・イン志向で顧客ニーズを満たす品質・機能・納期・信頼性等の諸条件と目標とする販売価格を設定する。そこで設定した販売価格から期待される利益の目標を差し引くことにより，その差額として目標とする原価を求めるのである[2]。この考え方を式に示すと，以下のとおりである。

販売価格 － 利益 ＝ 原価

原価企画に携わるメンバーは，価格と利益の差額から設定された原価の中で，品質・機能・納期・信頼性等の製品に求められる条件を達成できるように試行錯誤することになる。この活動を**原価の作り込み**と呼ぶ。このように，原価を「発生するもの」ととらえるのではなく，量産前に「作り込むもの」ととらえる考え方は，原価企画の大きな特徴の一つである。

---

[2] こうした目標原価の決定方法は「控除法」という。実務上，目標原価は，成行原価と許容原価を擦り合わせて決定することが多い（折衷法）。続く**14.2節**では，折衷法を前提としたプロセスに基づき記述しているが，ここでは原価企画の考え方を強調するため，控除法を前提として説明している。

14.2　原価企画の推進プロセス

原価企画は一般に，図表14.4に示すプロセスによって推進される。

14.2.1　新製品の構想・目標販売価格の設定

　原価企画は，どのような製品を開発するかを考える時点から始まる。新製品の構想段階においては，新製品のコンセプト，ターゲット顧客，製品デザイン等を決定し，目標とする販売価格を設定する。また，設計図面や製造方法・工程についても初期的な検討を行う。

　マーケット・インを志向する原価企画においては，製品開発の初期段階から，一貫して顧客目線で検討されることが重要となる。そのため，新製品のコンセプトやデザインを決定する際には，市場調査や顧客アンケートの結果などを用いた入念な検討が必要となる。また，目標販売価格についても，単に原価に一定の目標利益を加算するコストプラス法ではなく，新製品の特性，競合他社の製品価格，ターゲット顧客の支払能力を勘案しながら，ターゲット顧客に受け入れられる水準を推し量ることが肝要になる。

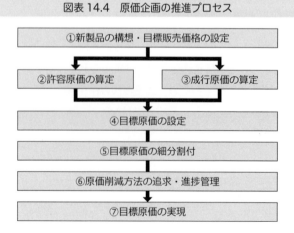

図表14.4　原価企画の推進プロセス

14.2.2　許容原価の算定

　許容原価とは，目標利益を達成する上で許容される原価のことであり，目標販売価格から目標利益を差し引くことにより計算される。ここで目標利益は，自社の経営計画などに基づき設定する。

　例えば，ある会社が企画開発中の音響スピーカーを 10,000 円で販売することを目標とする。当社の経営計画における目標売上総利益率が 60％である場合，製品 1 つ当たりの目標利益ならびに許容原価は以下のとおり計算される。

> 目標販売価格 10,000 円 × 目標売上総利益率 60％ = 6,000 円
> …目標利益
> 目標販売価格 10,000 円 − 目標利益 6,000 円 = 4,000 円
> …許容原価

　許容原価は，必ずしもこれがこのまま目標原価となるわけではない。なぜなら，許容原価はトップ・マネジメントの求める挑戦的な金額水準であり，あまりにもタイトな設定となってしまうことが多いからである。目標原価は，この後に算定する成行原価と許容原価を擦り合わせて決定されることが多い。

14.2.3　成行原価の算定

　成行（なりゆき）原価とは，部品や製造工程の原価低減を織り込む前段階での見積もりとしての原価のことを指す。見積原価や基準原価と呼ばれることもある。成行原価は，新製品に加えられる機能変更や仕様変更に係る増分原価を算定し，既存製品の原価に加算することで算定される。

　例えば，音響スピーカーの現行製品の原価が 4,500 円であり，企画開発中の製品では新たに搭載される機能に 1,000 円の原価が追加でかかるとする。この時，当製品の成行原価は以下のように計算される。

> 現行製品の原価 4,500 円 + 増分原価 1,000 円 = 5,500 円
> …成行原価

　なお，許容原価が製品単位で算定されるのに対し，成行原価は機能別，部品別に算定を行う。これは，後段で機能別・部品別に原価削減目標額を明ら

かにする上で必要となるためである。

14.2.4　目標原価の設定

　目標原価は，許容原価と成行原価を擦り合わせて決定される，困難ではあるが達成可能な水準に設定された原価である。目標原価は，成行原価を低減するための施策有無や低減幅に関する可能性などを検討した上で決定される。

　多くの場合，目標原価は許容原価と成行原価の間の水準に設定されることとなる。しかし，目標原価は達成容易な水準ではなく，ある程度の発想転換をしないと実現できない，達成困難な水準に設定される傾向にある[3]。原価企画では，困難な目標を設定することで，革新が生まれる可能性が高まり，結果として大幅な原価低減につながるとされている。

14.2.5　目標原価の細分割付

　ここまでのプロセス製品全体の目標原価が設定されると，次にこの目標を製品の機能別・部品別に展開する。これを目標原価の**細分割付**といい，特に機能別に割り付けることを機能別細分割付，また各機能に関連する部品までに割り付けることを部品別細分割付という。

　図表14.5では，引き続き音響スピーカーの例を用いて，機能別細分割付の結果のイメージを示している。ここでの数値例は，新製品の許容原価を4,000円，成行原価5,500円と算定し，両者を擦り合わせた結果，目標原価を4,500円と設定したことを前提としている。

　このように整理することで，製品のうち，どの機能で，どれだけの原価を削減する必要があるかが明らかとなる。この数値例においては，音声を出す機能で500円，動作を制御する機能で300円，機器の美観を維持する機能で200円の原価削減が必要となることが示された。細分割付された目標原価と目標削減額は，それぞれの開発を担う部門や技術者の責任に関連付けられることになる。

---

[3] 神戸大学管理会計研究会（1992）の調査結果を参照。

14.3　原価企画を支える仕組み　201

図表 14.5　目標原価の機能別割当結果の例

#	機　能	成行原価（C）		目標原価（F）		削減目標額
		金　額	構成比	金　額	構成比	（F－C）
1	音声信号を取り込む	100	2%	100	2%	0
2	音声信号を処理する	500	9%	500	11%	0
3	音声を出す	2,200	40%	1,700	38%	**−500**
4	動作を制御する	1,000	18%	700	16%	**−300**
5	機器の美観を維持する	1,700	31%	1,500	33%	**−200**
	合　計	5,500	100%	4,500	100%	**−1,000**

14.2.6　原価削減方法の追求・進捗管理

　技術者たちは，割付された目標原価を達成するべく，原価削減方法を追求する。原価削減は，製品の機能レベルを落とさずに実現する必要があり，先述のとおり，ある程度の発想転換をしないと実現できない困難な活動である。具体的な原価削減方法としては，部品数の削減，材質の変更，組立の簡素化による工数削減，部品の共有化などが考えられる。

　原価削減の進捗状況は，**マイルストーン管理**を行う。目標達成に向けてマイルストーン（中間地点）を定めて，節目ごとにコストレビューとデザインレビューを繰り返しながら，目標を着実に達成できるようにするのである。

14.2.7　目標原価の実現

　目標原価を実現できれば，量産体制へと移行することができる。しかし，目標原価は達成困難なレベルの目標であることから，現実には達成に至らないケースも多くある。未達成の削減額については，量産体制に移行した後に行われる原価改善での活動に引き継がれることとなる。

14.3　原価企画を支える仕組み

　前節では，原価企画の推進プロセスを概観した。原価企画においては，達

202　第14講　原価企画

成困難な水準に設定された目標原価を，細分割付により関係部門・担当者に展開し，マイルストーン管理によって進捗管理をしていくという，PDCAサイクルによって機能していることを示した。

　しかし，原価企画はこうしたPDCAサイクルのみによって有効に機能しているものではなく，原価企画を支える仕組みがほかにも存在する。本節では，主なものとして，VEの活用，コストテーブルの活用，ラグビー型の製品開発，サプライヤーとの協力体制の4つについて紹介する。

14.3.1　VE の活用

　VE（Value Engineering：価値工学）とは「製品やサービスの『価値』を，それが果たすべき『機能』とそのためにかける『コスト』との関係で把握し，システム化された手順によって『価値』の向上をはかる手法」[4]である。

　VEは1947年，アメリカのゼネラル・エレクトリック社において開発され，1960年代以降，トヨタをはじめとする日本企業にも導入されるようになった。アメリカで開発された当初は，資材管理の方法として生成されたものであったが，その後わが国において製品開発の源流，すなわち製品の企画・設計段階においても適用されるようになった。

　VEにおける主要概念である，価値，機能，および原価は以下の算式のとおり整理することができる。

$$
価値（value）= \frac{機能（function）}{原価（cost）}
$$

　上記の式から明らかなとおり，製品の価値を最大化するためには，顧客が享受する機能を維持・向上させながら，原価を低減させる必要がある。こうしたVEの基本的な考え方は，顧客ニーズを満たす機能面の目標と自社の利益目標を同時的に達成することを志向した原価企画と高い親和性を持つ。

　VEは単なる考え方・思想ではなく，システム化された手順を持つ。例えば，前節で紹介したとおり，目標原価は機能ごとに細分割当を行う。ここでは

---

[4] 日本バリュー・エンジニアリング協会による定義を引用。https://www.sjve.org/vecan/ve（最終閲覧2023年12月31日）

14.3　原価企画を支える仕組み　　203

「製品の機能をどのように洗い出し，整理するか」や「目標原価をどのように機能別に割り付けるか」といった実務上の難しさが存在するが，VEはこれらの方法についても体系的なアプローチを確立している。本書では原価企画の全体像を概観することに重点を置くため，これらの方法についての紹介は割愛しているが，関心のある方は講末に紹介する書籍を参照いただきたい。

14.3.2　コストテーブルの活用

　原価企画では，成行原価の算定，コストレビューごとの進捗確認など，さまざまな場面で原価を見積もる必要があるが，この際には社内で標準化された原価見積方法が確立されていることが望ましい。**コストテーブル**とは，原価変動要因の変化に対応させて原価を見積もることができるように準備する図表や計算式のことを指す。コストテーブルは，見積担当者の知識や経験によらず論理的に原価を見積もる，原価企画に欠かせないツールである。

　コストテーブルは，さまざまな費目，工程ごとに，単価や賃率などが整理された表（テーブル）形式のものがその原形とされる[5]。しかし，今日では回帰式を用いて原価を見積もる統計的なアプローチも多く用いられる。統計的なアプローチを用いたコストテーブルは以下の手順で作成する。

　①計算対象（部品や工程）の原価に影響する変動要因を設定する。

　②社内の過去データを収集し，変動要因と原価を対応させた一覧表を作る。

　③一覧表をもとに重回帰分析を行い，原価を算出する計算式を導出する。

　例えば，ある板金部品の原価が，主に面積と厚さの2要素によって変動することが特定されたとする。社内の過去データを収集し，これらの2要素と原価の関係を一覧表にまとめ，重回帰分析を行うと以下のような計算式を求めることができる（数値は例）。

板金部品の原価(円) = 1,000×面積(㎡) + 500×厚さ(mm) + 300

　なお，コストテーブルの運用には過去データの継続的な収集が必要となるが，これを支援する情報システムとしてはPLM（Product Lifecycle Management）

---

[5] 上山（1989）を参照。

システムがある。PLM システムは，製品の企画・開発・製造・販売・廃棄までの一連のプロセスに関する情報を統合的に管理するシステムであり，情報の一元的な管理を通して，原価企画への役立ちも期待される。

14.3.3　ラグビー型の製品開発

　原価企画の一連の推進プロセスは，部門横断的なチームによって遂行される。特に，原価削減方法を追求する段階ではコストレビューとデザインレビューを繰り返し行うが，これは部門横断的なミーティングの場で行われる。このミーティングの場では，製品企画，製品設計，工程設計，購買など各部門から代表者が一堂に会し，製品開発の進捗状況をレビューし，アイデアを出し合う。こうした製品開発の方法を，**ラグビー方式**という。

　ラグビー方式の有効性は，完全に分業した製品開発方式である**バトンタッチ方式**の製品開発と比較するとわかりやすい。バトンタッチ方式の製品開発においては，製品の詳細設計が完了し，設計図が出来上がった後，工程設計を行ってみると，設計図に起因した思いがけない非効率（原価上昇の原因）が発覚するということが起こりうる。こうした問題が発生すると，一度開発の前工程に立ち戻って，設計図を修正するという手戻りが発生する。他方，ラグビー方式の製品開発においては，開発の初期段階からすべての関係者が製品開発に携わることによって，問題の早期発見・解決へとつながりやすい。

　このように，ラグビー方式の製品開発の最大のメリットは，開発プロセスの手戻りを最小化し，開発期間が短縮化され，ひいては開発費の低減につながるという点にある。なお，2つの製品開発体制の違いは，**図表 14.6** のように示すことができる。

14.3.4　サプライヤーとの協力体制

　部門横断的なチームによるラグビー型の開発体制という仕組みをさらに推し進めると，協力体制を構築するべき範囲は社内に留まらず，社外のサプライヤーにまでに及ぶ。完成品メーカーが原材料や部品のサプライヤーを製品開発の初期段階から巻き込み，協同して開発を行うことは，**デザインイン**（design-in）または**コデザイン**（co-design）と呼ぶ。

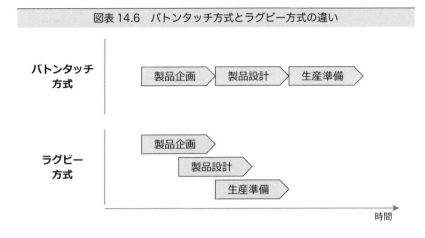

図表 14.6 バトンタッチ方式とラグビー方式の違い

特に日本の組立加工型産業においては，一般に部品の外注比率が極めて高く，自動車メーカーでは外注比率が7割以上に及ぶとされている。これは，ほとんどの部品がサプライヤーにおいて製造されており，完成品メーカーは加工組立に専念する業界構造となっていることを意味している。こうした産業構造を鑑みれば，原価企画にサプライヤーを巻き込み，新製品を構成する部品について協同で原価低減に取り組む意義は大きい。

一方で，こうした取り組みについては負の側面も指摘されている。メーカーの原価企画に参画するサプライヤーは絶え間ない原価低減の圧力にさらされ続けることになる。特に自動車業界においては，不況時や大幅な為替変動時に大幅な原価低減を要求する事例も確認されている[6]。加えて，サプライヤーは優秀なエンジニアをメーカーに派遣し続けるなど，経営資源は一定の制約を受ける。こうした**サプライヤーの疲弊**に関する問題は，原価企画の逆機能として管理会計研究の中でも指摘され続けている。原価企画を持続的な競争力の維持・向上に結実させるためには，メーカーとサプライヤーの価値共創的な関係性の構築が不可欠であり，こうした問題への対策が急務である。

---

[6] 経済産業省『自動車産業適正取引ガイドライン』2023年最終改訂，p.34 を参照。

14.4　原価企画の適用領域の拡大

　わが国の製造業で生成・発展した原価企画は，現在ではさらなる適用領域の拡大が見られる。こうした動向は「海外企業への拡大」と「サービス業への拡大」の2つに整理することができる。

14.4.1　海外企業への拡大

　原価企画の海外への広がりは，1980年代後半の自動車産業からその動向が見られる。1985年のプラザ合意を契機とした急速な円高や，貿易摩擦に起因する日本車批判に対応を迫られた国内自動車大手の各社は，それまでの国内製造車の輸出を中心とした事業展開を改め，製造や研究開発を現地化する方向性に舵を切った。国内自動車大手各社は，開発工程を現地化するために，日本車の競争力の源泉たる原価企画を海外子会社に展開する必要性が生じたのである。原価企画の海外展開の具体的な事例としては，1980年代後半に日産自動車が欧州の子会社に導入した事例[7]や，1990年代前半にトヨタ自動車が北米の製造会社に導入した事例[8]がある。

　こうした海外導入事例においては，原価企画の海外移転が決して容易なものではないことが報告されている。原価企画の海外移転を困難にする要因としては以下のような点が指摘されている。

・販売価格について，プロダクト・アウト志向の考え方が根強いこと
・社内組織のセクショナリズムが強く，部門間協調がとりにくいこと
・目標（target）を必達のものとしてとらえていないこと
・サプライヤーの発言力が大きく，製品開発への協力が得にくいこと

---

[7]　加登（1993）を参照。

[8]　岡野（1995）を参照。

原価企画は，わが国固有の組織文化・商慣習のもとに形成されてきた原価管理の手法である。異なる組織文化・商慣習を持つ国に適用する上では，その手法自体も現地化していくことが不可避であり，管理会計研究上は事例の蓄積と成功・失敗要因の特定が今日においても継続的な研究課題となる。

14.4.2　サービス業への拡大

製造業と同じように，サービス業においても新たなサービスを開始する前には，企画・開発する段階がある。また，自社の競争力向上のために，マーケット・イン志向で品質や機能を維持・向上させながら原価低減に取り組むことは，製造業に限定された取組課題でない。こうした前提に立てば，原価企画をサービス業に適用することには十分な意義があると考えられる。

実態調査に再び目を向けると，わが国の非製造業の上場企業で約55％が原価企画に取り組んでいる[9]。製造業と比べると低い普及度合いに留まるものの，半数以上の非製造業が原価企画に取り組んでいるのである。

原価企画の発想をサービス業に適用した事例として，日本初のコンビニATMの事例を取り上げたい[10]。多くの人になじみ深いこのサービスは，1999年，さくら銀行（現 三井住友銀行）とコンビニチェーン am/pm（のちにファミリーマートと合併）の共同により初めて開発された。当時，さくら銀行ではコンビニエンスストアへの ATM 設置を検討していた。企画段階から課題となったのがコストであり，通常の ATM が1台当たり 2,000 万円する中，事業収益化には1台当たりの原価を約 250 万円に抑える必要があり，大幅な原価低減が求められた。企画責任者はコストと機能の両面を睨んだ検討の中で，通帳や硬貨は扱わずキャッシュカード・紙幣のみの取扱いとし，サービス面も入出金や振込など顧客要求が高いものに限定するなど，既存の ATM にとらわれない発想転換で機能要件を絞込み，目標原価が実現されたとされる。こうした「サービス企画段階」での「原価の作り込み」があったからこそ，コンビニ ATM は現在広く普及しているのである。

---

[9] 吉田編（2022）の調査に基づく。脚注1と同様に，2つの調査を総合した結果を示している。
[10] 当事例は、谷守・田坂（2013）に基づいている。

208 第14講 原価企画

　この事例以外にも，サービス業における原価企画は，医療，鉄道，ホテル，レストラン，ITなど，さまざまな分野で適用事例や適用可能性が報告・議論されている[11]。特に，サービス開始に先立って多額の初期投資が必要となる分野においては，原価企画の効果は強く発揮されるであろう。

●練習問題●

次の空欄に入る言葉を埋めなさい。

問1 原価管理の手法のうち，製品の量産段階で原価の維持を目的に行う活動を［　①　］，量産段階で原価の低減を目的に行う活動を［　②　］，量産段階以前に原価の低減を目的に行う活動を［　③　］という。

問2 原価企画の基本思想のうち，生産の上流段階に行われる管理のことを［　④　］という。また，目標原価の中で製品の品質・機能等の諸条件を満たそうとする活動を［　⑤　］という。

問3 目標原価は［　⑥　］と［　⑦　］を擦り合わせて決定する。

問4 VEでは，製品やサービスの［　⑧　］を，それが果たすべき［　⑨　］とそのためにかけるコストとの関係で把握する。

問5 原価変動要因の変化に対応させて原価を見積もることができるように準備する図表や計算式を［　⑩　］という。

問6 原価企画は［　⑪　］方式の製品開発体制で行う。これに対して，完全に分業した製品開発体制を［　⑫　］方式という。

問7 サプライヤーを製品開発の初期段階から巻き込み，協同して開発を行うことを［　⑬　］という。

【推薦文献】

秋山兼夫（1995）『バリュー・エンジニアリング入門』日本規格協会。

加登豊（1993）『原価企画――戦略的コストマネジメント』日本経済新聞社。

田中雅康（1995）『原価企画の理論と実践』中央経済社。

---

[11] 田坂（2019）を参照。

第15講
公共部門の管理会計

　これまで主に企業を対象とした管理会計について，その考え方や仕組みを学んできたが，管理会計は企業活動だけでなく公共部門も含むあらゆる組織活動を支える会計である。本書の最後のこの講[1]では，公共部門の管理会計について学ぶ。

15.1　経済主体と会計

　企業は，経済社会における民間部門（プライベートセクター）に属する組織体の一つである。民間部門に属する組織体には，企業のような営利組織（営利目的で活動する組織）のほか，非営利組織（営利目的以外の目的で活動する組織）も存在し，民間部門に属する非営利組織は民間非営利組織[2]と呼ぶ。一方で，公共サービスの提供主体となる中央政府や地方政府といった政府組織[3]が属するのは公共部門（パブリックセクター）である。

---

[1] 本講で記載された内容は，すべて筆者個人の見解であり，いかなる組織の公式見解を示すものでもない。

[2] 日本における民間非営利組織の例には，公益社団法人・公益財団法人，NPO法人，社会福祉法人，医療法人，学校法人などがある。

[3] 中央政府や地方政府を包含する組織体の呼び方として，行政組織，行政機関，公的組織といった名称もあるが，本講では政府組織とする。日本における政府組織の例には，国の各府省庁や，地方公共団体などがある。

210　第 15 講　公共部門の管理会計

図表 15.1　経済主体と会計

経済主体		会　計	
狭義の企業＝営利組織		企業会計	
広義の 非営利組織	狭義の非営利組織 ＝民間非営利組織	狭義の非営利会計	広義の非営利会計
	政府組織	公会計（公営企業 の会計含む）	

（出典）友岡（2012），p.25 を一部修正

　経済主体である以上は，何らかの経済活動を行うことになり，そこには何らかの会計が存在し（**図表15.1**），管理会計の考え方や仕組みが役立つ可能性がある。本講では，比較的議論が豊富である公共部門のうち，読者にとって身近な存在である日本の地方公共団体を例に，本書で学んできた管理会計の考え方や仕組みがどのように活用されるのかを学ぶ。

15.2　公共部門の会計

　公共部門の会計は**公会計**と呼ばれるが，公会計の目的は企業会計の目的とは異なっている。

　政府組織が行う経済活動を財政と呼び，地方公共団体が行う経済活動を地方財政と呼ぶ。法律に基づいて財政運営を方向付けるのが予算である。**第7講**で述べた企業の予算管理は，必ずしも法律に基づいて行うものではないが，公共部門の予算は法律に基づいて編成・統制されるのが特徴である。地方公共団体の予算は，毎年度地方公共団体の議会に提出される，翌年度の地方公共団体の標準的な行政水準に係る歳入歳出総額の見込額に関する書類である地方財政計画を受けて，例年9月から予算編成が始まり，年度開始前の3月に議会の議決を経て定められるのが一般的である。予算の執行された結果については，毎会計年度，決算として集計され，議会の認定により確定する。なお，予算案は議会の議決が必要だが，決算案については議会の議決は不要で

ある。

地方公共団体の会計では，予算・決算に係る会計制度のもとで，**単式簿記による現金主義会計**を採用しているといわれ，「官庁会計」と呼ばれることがある。これに対して，企業会計では，**複式簿記による発生主義会計**を採用している。

日本では，地方公共団体の厳しい財政状況を背景に，財政の透明性を高め，住民に対する説明責任をより適切に果たすと共に，財政の効率化・適正化を図るため，現金主義・単式簿記による予算・決算制度を補完するものとして，**財務書類**（**貸借対照表**，**行政コスト計算書**，**純資産変動計算書**および**資金収支計算書**等）の作成および開示が推進されている。地方公共団体の会計に企業会計手法を導入する試みは，長年続けられているが，2014 年にとりまとめられた「今後の地方公会計の推進に関する研究会」報告書において，財務書類の作成に関する統一的な基準（以下，「**統一的な基準**」と略）が示され，2017 年度末までに，ほぼすべての地方公共団体において，「統一的な基準」による財務書類の作成および固定資産台帳の整備が完了した。この「統一的な基準」によって作成される会計情報は企業会計手法を適用した会計情報といえる。

「統一的な基準」による会計情報では，単式簿記による現金主義会計では把握できない情報である**ストック情報**（資産・負債に関する情報）や見えにくい**コスト情報**（減価償却費や引当金繰入などの現金収支を伴わないコスト情報）が把握可能となる。

「統一的な基準」による財務書類を作成する地方公共団体は，一般会計および地方公営事業会計以外の特別会計からなる一般会計等[4]を基礎として，一般会計等財務書類を作成する。また，資産の状況，その財源とされた負債・純資産の状況さらには公共サービス提供に要した費用や資金収支の状況等を明らかにするため，一般会計等に地方公営事業会計を加えた全体財務書類，全体財務書類に地方公共団体の関連団体を加えた連結財務書類も作成する。

地方公共団体の会計では，官庁会計が会計情報として中核に位置付けられ，これを補完する情報として，企業会計手法を適用した会計情報が提供されて

---

[4] 地方公共団体の財政の健全化に関する法律（平成 19 年法律第 94 号）第 2 条第 1 号に規定する「一般会計等」に同じ。

第15講 公共部門の管理会計

図表15.2 地方公共団体における財務書類の活用モデル例

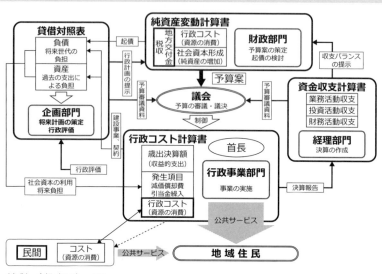

（出典）大塚（2016），p.162

いる。

こうして作成された「統一的な基準」による財務書類をどのように活用するのか，そのモデルとして例示されているものに**図表15.2**がある。このモデルでは，地方公共団体の運営とその方針を決定する機能として4つの部門（行政事業部門，企画部門，財政部門，経理部門）に分け，「統一的な基準」による財務書類等については，さまざまな業務に活用することを想定している。例えば，財政部門が財務書類等の情報から財政状況を分析し（15.3.2参照），財政運営に反映することだけでなく，企画部門が各事業別情報の分析結果を用いて，行政評価などの政策評価に活かすことができる（15.3.3参照）。また，公共施設の所管部門においては，固定資産台帳の情報や施設別情報の分析結果を用いて，管理する公共施設の効率的な維持管理を検討するなど公共施設等マネジメントにも活用もできる。

15.3 公共部門の管理会計が果たす役割 **213**

15.3 公共部門の管理会計が果たす役割

　民間企業では，策定した戦略を実現するために管理会計情報を活用している。公共部門においては，策定された政策を実現するために，どのように管理会計情報が役立つのだろうか。公共部門が担う政策領域は多岐にわたる[5]が，どのような政策へ重点的に資源配分すべきなのかを判断するための材料を提供することが，公共部門の管理会計が果たす役割である。効率的かつ効果的な財源の活用を行うか否かが公共サービスの質に大きく影響する公共部門において，管理会計が有効に機能していれば，管理会計から組織運営に資する情報を得ることができる[6]。

15.3.1 政策と計画

　政策の分類の考え方として，特定の行政課題に対応するための基本的な方針の実現を目的とする行政活動の大きなまとまりとしての「**政策（狭義）**」，「政策（狭義）」を実現するための具体的な方策や対策としての「**施策**」，「施策」を具現化するための個々の行政手段としての，また行政活動の基礎的な単位となるものとしての「**事務事業**」の3つに分類[7]して把握することがある。困窮世帯の子どもに対する支援策を例とした場合[8]，「誰でも公平な教育機会にアクセスできる」が政策（狭義），「困窮世帯の子どもに対する支援策」が施策，「学習支援プログラム，生活習慣改善プログラム」が事務事業に該当する。

　政策を実現するプロセスは政策形成と政策遂行の2つに大別することができる。**政策形成**では，まず，数多くある公共的な課題から，現状を変えたい

---

[5] 例えば地方公共団体が担う政策領域には公共資本・公共事業，教育・文化，福祉・社会保障，治安・防災，戸籍・住民基本台帳などがある。

[6] 松尾（2015），大西・藤野（2017），伊藤・目時（2021）。なお，海外の公共部門の管理会計を対象とした研究には，小林（2002），藤野（2009a；b），中西（2009）などがある。

[7] 総務省（2015）。

[8] 大竹（2022），p.19。

ものを取り出して議論にのせるという課題設定を行う。設定された課題に対して，現状を調査し，解決策が比較・検討され，政策が立案されることになる。立案された政策は，その後の各種決定手続の中で，場合によっては原案が修正され，最終的には決定機関によって案が承認・決定される。

　こうして政策が具体的に決定され公開されると，**政策遂行**として，個別具体的な事業を実施することになる。政策の実施後には，その結果を振り返るという評価のフェーズに進む。評価により，新しい課題が発見・認識されることもあれば，政策の廃止に至ることもあるため，次回以降の政策形成において，政策実施における評価は，本来重要な意味をもつ。

　このように，一連のプロセスを経て政策を実現する際には，個別の事務事業と政策全体とが同じ方向を向いているのか，全体最適と部分最適の目標斉合性を確保する必要がある。**第11講**で学んだ，さまざまな考えを持つ組織メンバーの行動を同じ方向に導き，組織の目標を達成することを意図した，「数値情報を中心とした情報を提供することにより，マネジャーの行動を組織目標の達成に導くことを目的とした概念」であるマネジメント・コントロールは，営利組織だけでなく，民間非営利組織や政府組織でも重要であり[9]，管理会計は，マネジメント・コントロールを支援する有用な情報を提供することが期待されている。

　個別具体的な政策を調整し総合的に体系化するのが計画であり，特に地方公共団体において総合計画というものが中核を担っているといわれてきた。総合計画は，概ね基本構想―基本計画―実施計画からなる3層で構成されてきたが，近年では基本構想―実施計画の2層とする自治体も増えており，実施計画をもとに具体化されたのが，毎年度の予算として位置付けられる[10]。

　ただし，政策や計画の名称や想定期間については，各団体によって異なるため，留意する必要がある。また，計画の中には，地方公共団体の判断で自主的に策定するものもあれば，法律等により作成様式が規定される計画もあるため，計画策定等に係る事務負担も考慮しつつ，効率的かつ効果的な計画

---

[9] 例えば，Anthony and Young(2003) や Merchant and Van der Stede (2023)。

[10] 伊藤ほか（2022），p.227。

策定等の在り方について見直す必要性も指摘されている[11]。

15.3.2 政策形成のための財政分析

政策形成を行う準備として，自らが置かれた環境を把握するときに役立つ
のが，**第3講**で学んだ経営分析の考え方である。地方公共団体では，決算統
計に関連する指標の分析や健全化判断比率の分析に加え，「統一的な基準」に
よる会計情報を用いた指標（**図表15.3**）の分析がある。財政状況を多面的に
分析することで，財政の効率化・適正化において何が課題であるのか，その
端緒を察知しようとしている。類似団体比較や時系列比較により，自団体の
財政状況の特徴や傾向をより浮き彫りにすることができる。臨時的な事象
（例えば，災害や資産の売却などの特殊な事情）が生じた場合には，当該事象の

図表15.3 「統一的な基準」による指標を用いた分析視点の例示

分析の視点	住民等のニーズ	主な指標
資産の状況	将来世代に残る資産はどのくらいあるか	住民一人当たり資産額
		有形固定資産の行政目的別割合
		歳入額対資産比率
		有形固定資産減価償却率
資産と負債の比率	将来世代と現世代との負担の分担は適切か	純資産比率
		将来世代負担比率（社会資本等形成の世代間負担比率）
負債の状況	財政に持続可能性があるか（どのくらい借金があるか）	住民一人当たり負債額
		基礎的財政収支（プライマリーバランス）
		債務償還可能年数（参考）
行政コストの状況	行政サービスは効率的に提供されているか	住民一人当たり行政コスト
		性質別・行政目的別行政コスト
受益者負担の状況	歳入はどのくらい税金等で賄われているか（受益者負担の水準はどうなっているか）	受益者負担の割合

（出典）総務省（2019），p.323

---

[11] 地方分権改革有識者会議（2023）。

影響によって，数値が著しく変動することもあるため，単年度のみではなく，複数年度の推移を踏まえて分析する必要がある。

15.3.3　政策遂行における評価
(1) 公共部門における成果

政策実現のために予算が執行され，その結果が決算として集計されるが，政策自体が効率的かつ効果的に行われたのかを振り返る手段として**政策評価**などと呼ばれる評価がある。公共部門における成果のとらえ方としては，通常の場合，インプット，アウトプット，アウトカム（初期・中間アウトカム），インパクト（最終アウトカム）に分けて把握される（図表15.4）。

こうした成果を把握する指標としては，資源の投入を示すインプット指標[12]，組織内においてコントロールできる可能性が高い活動に関連したアウトプッ

図表15.4　公共部門における成果概念

用　語	意　味	例：困窮世帯の子どもに対する支援策
インプット	資源の投入を意味し，一般的には貨幣数量に換算することが容易。	・放課後学習支援プログラムに要する予算・人員 ・生活習慣改善プログラムに要する予算・人員
アウトプット	サービスの提供行為（プロジェクト等の実施）により直接産出した成果（物）。	・放課後学習支援プログラムへの参加者数 ・生活習慣改善プログラムを行った世帯数
アウトカム（初期・中間アウトカム）	サービスの提供行為（プロジェクト等の実施）により発生した合目的な影響や効果を意味する[13]。	〈初期アウトカム〉 ・学力の向上 ・生活習慣の改善 〈中間アウトカム〉 ・進学率の向上
インパクト（最終アウトカム）	最終的に生じた変化	就業率・賃金の向上

(出所)　松尾（2015），p.503 および大竹（2022），p.6 をもとに作成

---

[12] これ自体でコスト指標となるが，他の指標と組み合わせることで効率性等が評価できる指標。

[13] 公共財の場合，サービスの提供者と受益者との間に市場メカニズムが機能しないため，アウトプットの測定だけでは，目的通りの効果を提供できているかどうかわからない。

ト指標，組織にとってコントロールしがたい外部環境の影響を大きく受けることになるアウトカム指標がある[14]。なお，非財務指標を使用する場合，とりわけ，アウトカムに関連した指標を用いる場合，目標値を設定するときの目標値の妥当性を確保することが難しい[15]。

(2) 公共部門における管理単位とコスト計算

第6講では企業の組織構造について学んだが，公共部門であっても組織運営に役立つような管理単位に区分することは有用である。地方公共団体の組織構造は，組織編成の自由度が高まったことで，2000年代以降その多様化が進んでいる[16]。こうした中で，会計情報を組織内部で活用するにあたり，事業別や公共施設別といった管理上有用な区分別（セグメント別）に情報を把握する必要性が指摘されている[17]。事業別・施設別管理で活用するセグメント情報を作成するに際して，人件費などの共通経費を適切に按分し，各セグメントに配賦することが必要となる。こうした考え方は，第8講で学んだ共通費の配賦が参考となる。このほか，コストの配賦に関しては，活動基準原価計算（Activity-Based Costing：ABC）が，海外に限らず，日本の公共部門においても過去に導入された実績がある[18]。

(3) 公共部門における業績評価

日本の中央政府においては，2002年に「行政機関が行う政策の評価に関する法律」（政策評価法）が施行されており，各政府組織自ら評価する仕組みを整備・運用している[19]。このように，政策評価自体が法制度化されている。

一方，日本の地方政府においては，特に地方公共団体に関して，政策評価自体は法制度化されておらず，各団体が創意工夫しながら取り組んでいる。各団体によって名称は異なるが，先に述べた3つの政策体系に対応する形で

---

[14] 松尾（2015），p.503-504。

[15] 目標値と実績値の評価の妥当性を確保する方法として複数主体間の相対的な業績比較を行う方法がある（松尾，2015，p.505）。

[16] 北村ほか（2024）。

[17] 総務省（2019）。

[18] 例えば，櫻井編（2004），大西（2010）。

[19] 日本の各府省庁における政策評価制度については，その有用性と共に，内在する問題点について指摘されることもある（例えば，宮本，2024）。

「政策，施策及び事務事業について，事前，事中，事後を問わず，一定の基準，指標をもって，妥当性，達成度や成果を判定するもの」（総務省，2017，p.1）として「行政評価」と呼ばれる取り組み[20]が浸透している。行政評価の取り組み状況については，行政評価シートによる事業マネジメントの中で，財務情報と非財務情報を交えた分析を行っている事例[21]が紹介されているほか，各団体はWeb上で行政評価に相当する情報を公開しており，こうした公開情報については誰もが入手できる。

　管理会計研究においても，行政評価を対象にした研究が複数行われている[22]。近年では，必ずしも行政評価という枠組みにとらわれることなく，公共部門の業績管理そのものを対象とした研究[23]も行われており，公共部門におけるパフォーマンスを向上させる業績管理システムを対象とした研究から実務への示唆を紹介しているもの[24]もある。

　公共部門では，計画立案や目標管理も縦割りになる可能性が高く，**第9講**で説明したバランスト・スコアカード（以下「BSC」と略）を用いることで，戦略マップと業績指標を作成するプロセスを通じて，具体的な方策と成果目標を明らかにすることができるとして，BSCの適用可能性は海外における導入事例を足がかりに，日本においてもその適用可能性が議論され，実践例[25]が複数紹介された。ただし，公共部門の業績を財務指標だけで測定・評価することが困難であるため，BSCなどの非財務指標を用いた業績管理システムの適用可能性は高いものの，公共部門固有の特徴に起因する難しさが指摘されることがある[26]。

（4）事業別・サービス別のコスト情報を用いた管理

　効率的かつ効果的な公共サービスの提供のために，コスト情報を用いた管

---

[20] 2000年代までの取り組みを紹介したものとしては，例えば石原編（2005）がある。

[21] 総務省（2019）。

[22] 例えば，松尾（2009），目時・妹尾（2012）。

[23] 例えば，目時（2018）。

[24] 例えば，目時（2022）。

[25] 例えば，石原編（2004），櫻井（2008），佐藤幹（2013）がある。また，望月ほか（2015）による指定管理者制度でのBSC導入提案もある。

[26] 松尾（2015）。

理方法についてもいくつか知られている。

　公共サービス提供段階においてコスト情報を活用している例として，公共サービスのために要した調達コストのコントロールや，利用者当たり行政コスト水準の維持のために利用者拡大に向けた取組みを検討するといったことがあり，これは原価維持の考え方に類似している。

　また，公共サービス提供プロセスの改善のために，民間企業への業務委託などを含めて多面的に公共サービス提供方法の変更を検討するといったこともあり，これは原価改善の考え方に類似している。このほか，ABC から得られるコスト情報を用いて公共サービス提供活動の改善を図るという活動基準管理[27]（Activity-Based Management：ABM）の考え方を用いることもできる。

　公共サービス提供段階よりも前段階である企画・設計段階において，**第14講**で学んだ原価企画に類似したものがある。例えば，サービスにおける利用者当たり，時間当たり，処理 1 回当たり等の行政コストの見積計算と，あるべきコスト，受益者負担額に基づく，原価低減の検討を行う。また，製造業のイメージの強い原価企画との差別化を図るべく，目標原価を制御基準として展開される公共サービスのアウトカムの作り込みを特徴とする目標原価管理[28] もある。

（5）公共施設等マネジメントでの情報活用

　日本では公共施設等の老朽化対策[29] が大きな課題として認識されており，**公共施設等マネジメント**と呼ばれる公共施設等の適正管理の重要性が指摘されている。公共施設等マネジメントでは，公共施設等を廃止する場合の考え方や他の公共施設等との統合の推進方針を記載する公共施設等総合管理計画が策定される。

　公共施設等の統廃合を意思決定する際に，判断材料の一つとして，「統一的な基準」による会計情報を用いることができる。既存の公共施設等の統廃合を検討するにあたっては，例えば，施設別の利用者一人当たりのコストを把

---

[27] 例えば，大西編（2020）。

[28] 目時（2010），p.69。

[29] 資産老朽化情報が予算要求額に与える影響（例えば，生方ほか，2019）や，IT 費用・資産が行政コストに与える影響（例えば，石川ほか，2024）についての学術研究がある。

握することを通じて，類似の公共施設等に関するデータとの比較で，公共施設ごとのコスト状況をとらえることができる。

　また，公共施設等の統廃合を検討する上では，コスト情報以外の信頼できる情報とコスト情報とを総合的に考慮することも可能である。「統一的な基準」に基づいて，整備された**固定資産台帳**には公共施設等の耐用年数や取得価額等といった情報が記載されているため，これらの情報を活用することにより，一定の条件のもとで将来の施設更新必要額を推計することができる。これにより，公共施設等の老朽化対策という課題に対して，将来の施設更新必要額を可視化することが可能となり，人口減少等を踏まえた公共施設等の更新要否や更新タイミングといった，適切な更新・統廃合を検討することができる。

　公共施設等の整備に係る予算編成において，建設コストだけでなく運営コストも踏まえた議論を行うため，当該施設が建設された場合の施設別行政コストを試算して判断材料として活用したり，直営の場合と民間委託の場合でそれぞれ試算した事業別・施設別の行政コストを比較して民間委託の検討に活用したりすることもできる。公共施設の建設を検討する際には，**ライフサイクルコスト**[30]を考慮した仕様決定，受益者負担額[31]の決定なども有用である[32]。このように，公共施設等の効果的かつ効率的な運営を行っていくためには，民間部門の資金・ノウハウを活用した**官民連携**（Public Private Partnership：PPP）の導入要否を選択肢の一つとして，意思決定を行う必要があり，公共サービスの提供主体は，PPP が進むにつれ，その対象が拡大している。PPP などの，民間部門と公共部門の垣根を越える取り組みに対する管理会計研究[33]も行われている。

---

[30] ライフサイクルコストとは，米国国防総省が資材の購入コストに加え，購入後の使用コストならびに廃棄コストを含めたコストの最小化を求めたライフサイクルコスティングで計算されるコストである。

[31] 地方公共団体の歳入のうち，使用料・手数料等については，受益者負担の原則に基づき，公共施設の維持管理費や減価償却費，サービスに要する経費等を基礎として算出されることから，適切な受益者負担割合を検討する際に，会計情報を活用することも可能である（総務省，2019）。

[32] 松尾（2015），中島（2020）。

[33] 例えば，山口（2006），大浦・松尾（2020），目時（2023）。

15.3.4 インセンティブ・システム

第10講において学んだ，企業におけるインセンティブと報酬の考え方や仕組みの一部については，公共部門でも活用されている。日本の地方公共団体では，2016年4月施行の地方公務員法により，地方公務員に対しても人事評価制度が導入され，能力・実績に基づく人事管理の徹底が図られることとなった[34]。インセンティブ・システムは業績評価結果を将来の行財政運営活動に反映するよう動機づけられるものでなければならないが，その制度設計や運用は容易ではない。

15.4 公共部門の管理会計が抱える課題

これまで，公共部門の管理会計がどのような役割を果たすのか学んだが，一方で，さまざまな課題も抱えている。日本の地方公共団体を例にすると，会計情報を管理会計として十分活用できている実感が必ずしも高くはない[35]。また，「統一的な基準」が提供する会計情報や，企業の管理会計手法・概念を援用して，これらを管理会計として活用するための専門知識と現場ニーズとの間をうまく橋渡しできる専門家人材の養成も課題である。加えて，提供された情報の信頼性を担保できる体制整備も課題である。このほか，本書の第12講では，企業のグループ経営と管理会計を扱ったが，日本の地方公共団体においては，連結財務書類[36]から提供される会計情報をどのような形で管

---

[34] 総務省自治行政局公務員部（2023）では，組織目標と連動した職員個人の業務目標の設定している事例，人事評価結果や貢献度等の職員へのフィードバックの事例などが紹介されている。

[35] 総務省（2023）では，政策形成プロセスにおいて，合理的な説明根拠として財務書類などが提供する会計情報がうまく用いられていない可能性や，公共施設等マネジメントにおいて，個別施設に係る集約・複合化，改修等の老朽化対策の選択肢について，中長期的なトータルコストを踏まえた検討まで至っていない可能性などが指摘されている。

[36]「都道府県・市区町村とその関連団体を連結してひとつの行政サービス実施主体としてとらえ，公的資金等によって形成された資産の状況，その財源とされた負債・純資産の状況さらには行政サービス提供に要したコストや資金収支の状況などを総合的に明らかにすること」（総務省，2019，p.167）を目的として作成されている。

理会計として活用しうるのか，検討の余地が残されている。

●練習問題●

問1　公共部門の管理会計が果たす役割について，述べなさい。
問2　公共部門の管理会計が抱える課題について，述べなさい。

【推薦文献】

山浦久司編著（2021）『地方公共団体の公会計制度改革——その導入，運用および利活用の状況に関する調査と研究』税務経理協会。

参考文献

第1講

Institute of Management Accounts（1981）*Statement on Management Accounting 1A*: *Definition of Management Accounting*, Montvale: NJ, Institute of Management Accountants.

青木雅明（2019）「Global Management Accounting Principles（GMAP）の概要と実務への適用」『グローバル管理会計原則の可能性と展望に関する研究』日本管理会計学会産学共同研究グループ（2017年度）最終報告書。

伊藤邦雄（2023）『企業価値経営　第2版』日本経済新聞出版。

桜井久勝・須田一幸（2024）『財務会計・入門——企業活動を描き出す会計情報とその活用法　第17版』有斐閣。

櫻井通晴（2019）『管理会計　第七版』同文舘出版。

森浩気（2020）「管理会計の現代的概念に関する考察——インフォーマル・コントロールの位置づけに着目して」『千葉商大論叢』第58巻第2号，pp.241-253。

第2講

Ansoff, H. I.（1965）*Corporate Strategy*, New York: McGraw-Hill.（広田寿亮訳（1969）『企業戦略論』産業能率短期大学出版部）

Kaplan, R. S., and D. P. Norton（1996）*The Balanced Scorecard*: *Translating Strategy into Action*, Boston, MA: Havard Business School Press.（吉川武男訳（1997）『バランス・スコアカード——新しい経営指標による企業変革』生産性出版）

Kaplan, R. S., and D. P. Norton（2000）*The Strategy-Focused Organization*: *How Balanced Scorecard Companies Thrive in the New Business Environment*, Boston, MA: Harvard Business School Press.（櫻井通晴監訳（2001）『キャプランとノートンの戦略バランスト・スコアカード』東洋経済新報社）

Mintzberg, H., B. Ahlstrand and J. Lampel（1998）*Strategy Safari*. Free Press.（齋藤嘉則監訳（1999）『戦略サファリ——戦略マネジメント・ガイドブック』東洋経済新報社）

Porter, M. E.（1985）*Competitive Advantage: Creating and Sustaing Superior Peformance*: Free Press.（土岐坤・中辻萬治・小野寺武夫訳（1985）『競争優位の戦略——いかに高業績を持続させるか』ダイヤモンド社）

網倉久永・新宅純二郎（2011）『経営戦略入門』日本経済新聞出版社。

牛島辰男（2022）『企業戦略論——構造をデザインする』有斐閣。

第4講

上總康行（2003）「資本コストを考慮した回収期間法——割引回収期間法と割増回収期間法」『管理会計学』第12巻第1号，pp.41-52。

小林啓孝・伊藤嘉博・清水孝・長谷川惠一（2017）『スタンダード管理会計　第2版』東洋経済新報社。

櫻井通晴（2014）『原価計算』同文舘出版。

櫻井通晴（2019）『管理会計　第七版』同文舘出版。

園田智昭・横田絵理（2010）『原価・管理会計入門』中央経済社。

第6講

Anthony, R. N. and V. Govindarajan（2007）*Management Control Systems*, 12th edition: McGraw-Hill Publishing Co.

Daft, R. L.（2001）*Essentials of organization theory & design*, 2nd edition: South Western College.（髙木晴夫訳（2002）『組織の経営学——戦略と意思決定を支える』ダイヤモンド社）

第7講

浅野敬志・青木章通・妹尾剛好（2022）「財管両面からみた日本企業の業績予想と予算管理（第1回）日本企業における業績予想開示と質問票調査の概要」『企業会計』74（10），pp.109-115。

伊藤正隆（2022）「予算スラック——予算スラックの抑制やその活用方法の検討」加登豊・吉田栄介・新井康平編著『実務に活かす管理会計のエビデンス』中央経済社，pp.17-25。

大槻晴海・立松利佳子・長屋信義・平井裕久（2023）「わが国企業予算制度の実態（令和4年度）（1）アンケート調査の集計結果とその鳥瞰的分析」『産業經理』83（2），pp.141-167。

清水孝・町田遼太・上田巧（2019）「わが国における予算管理の改善に関する研究の動向——脱予算経営の観点から」『早稲田商學』（455），pp.1-31。

妹尾剛好（2022）「脱予算経営」加登豊・吉田栄介・新井康平編著『実務に活かす管理会計のエビデンス』中央経済社，pp.200-207。

妹尾剛好・横田絵理（2024）「日本企業におけるマネジメント・コントロール・ツールの実態——中期経営計画，予算管理，目標管理に焦点を当てて」『三田商学研究』66（6），pp.77-99。

友寄隆哉・山浦裕幸・長屋信義・吉村聡・建部宏明（2024）「わが国企業予算制度の実態（令和4年度）（4）予算実績差異分析の実際と予算制度の問題点」『産業経理』84（1），pp.159-179。

西居豪・町田遼太・上田巧・新井康平編著（2024）『原価計算論15講』新世社。

早川翔（2022）「ラチェット効果」加登豊・吉田栄介・新井康平編著『実務に活かす管理会計のエビデンス』中央経済社，pp.193-199。

吉田栄介・岩澤佳太・桝谷奎太・森浩気・福島一矩・妹尾剛好（2024）「日本企業における管理会計の実態調査：東証プライム市場上場企業（第3回）業績・予算管理編」『企業会計』76（12），pp.102-109。

李建・松木智子・福田直樹（2010）「予算管理」加登豊・松尾貴巳・梶原武久編『管理会計研究のフロンティア』中央経済社，pp.109-152。

参考文献　225

第8講

小林啓孝・伊藤嘉博・清水孝・長谷川惠一（2017）『スタンダード管理会計　第2版』東洋経済新報社。

清水孝・庵谷治男（2019）『基礎管理会計』中央経済社。

園田智昭（2017）『プラクティカル管理会計』中央経済社。

谷武幸（2022）『エッセンシャル管理会計　第4版』中央経済社。

ワシントン大学フォスタービジネススクール管理会計研究会（2022）『管理会計のエッセンス（原著第7版）』同文舘出版。

第9講

Brown, S. P., and S. K. Lam（2008）A Meta-Analysis of Relationships Linking Employee Satisfaction to Customer Responses. *Journal of Retailing*, 84（3），pp.243-255.

Ittner, C. D., and D. F. Larcker（1998）Are nonfinancial measures leading indicators of financial performance? An analysis of customer satisfaction. *Journal of Accounting Research*, 36, pp.1-35.

Kaplan, R. S., and D. P. Norton（1992）The Balanced Scorecard: Measures that Drive Performance. *Harvard Business Review*, 70（1），pp.71-79.

Kaplan, R. S., and D. P. Norton（2000）*The Strategy-Focused Organization: How Balanced Scorecard Companies Thrive in the New Business Environment*, Boston, MA: Harvard Business School Press.（櫻井通晴監訳（2001）『キャプランとノートンの戦略バランスト・スコアカード』東洋経済新報社）

Neely, A., and M. Al Najjar（2002）Linking financial performance to employee and customer satisfaction. in *Business performance measurement: Theory and practice*, edited by Neely, A., Cambridge University Press: Cambridge, United Kingdom, pp.295-303.

Reichheld, F.（1993）Loyalty-based management. *Harvard Business Review*, 71（2）pp.64-73.（田村明比古訳（1993）「2つのロイヤリティーがつくる好循環経営」『ハーバード・ビジネス・レビュー』7月号，pp.4-13）

鈴木研一・松岡孝介（2014）「従業員満足度，顧客満足度，財務業績の関係——ホスピタリティ産業における検証」『管理会計学』22（1），pp.3-25。

横田絵理・妹尾剛好（2010a）「戦略マネジメントシステムの事例研究（1）——キリンビール株式会社のバランスト・スコアカード」『三田商学研究』53（2），pp.123-136。

横田絵理・妹尾剛好（2010b）「戦略マネジメントシステムの事例研究（2）——キリンビール株式会社のバランスト・スコアカード」『三田商学研究』53（3），pp.45-58。

第10講

Anthony, R. M.（1965）*Planning and Control Systems: A Framework for Analysis*: Harvard University.（高橋吉之助訳（1968）『経営管理システムの基礎』ダイヤモンド社）

Deci, E. L. and R. Flaste（1955）*WHY WE DO WHAT WE DO: The dynamics of personal autonomy*: G.P. Putnam's Sons.（桜井茂男監訳（1999）『人を伸ばす力——内発と自律のすすめ』新曜社）

226 参考文献

Deci, E. L.（1975）*Intrinsic Motivation*: Plenum Press.（安藤延男・石田梅男訳（1980）『内発的動機づけ』誠信書房）

Deci, E. L. and R. Ryan（1985）*Intrinsic Motivation and Self-Determination in Human Behavior*: Plenum Press.

Kaplan, R. S. and D. P. Norton（1996）*The Balanced Scorecard: Translating Strategy into Action*: Harvard Business School Press.（櫻井通晴監訳（2001）『キャプランとノートンの戦略バランスト・スコアカード』東洋経済新報社）

Maier, N. R. F.（1965）*Psychology in Industry*, 3rd edition: Houghton Mifflin.

Schein, E. H.（1980）*Organizational Psychology*, 3rd edition: Prentice-hill.（松井賚夫訳（1981）『組織心理学』岩波書店）

上淵寿・大芦治編著（2019）『新・動機づけ研究の最前線』北大路書房。

厨子直之（2011）「報酬とインセンティブ」『経営行動科学ハンドブック』中央経済社，pp.444-449。

Harvard Business Review編，Diamondハーバード・ビジネス・レビュー編集部訳（2002）『人材マネジメント』ダイヤモンド社。

宮坂純一（1989）『報酬管理の日本的展開──賃金とモチベーション』晃洋書房。

横田絵理（1998）『フラット化組織の管理と心理──変化の時代のマネジメント・コントロール』慶應義塾大学出版会。

横田絵理・金子晋也（2014）『マネジメント・コントロール──8つのケースから考える人と企業経営の方向性』有斐閣。

第11講

Anthony, R. N.（1965）*Planning and Control Systems: A Framework for Analysis*: Harvard University. Division of Research.（高橋吉之助訳（1968）『経営管理システムの基礎』ダイヤモンド社）

Anthony, R. N. and V. Govindarajan（2007）*Management Control Systems*, 12th edition: McGraw-Hill Publishing Co.

Malmi, T. and D. A. Brown.（2008）Management Control Systems as a Package: Opportunities, Challenges and Research Directions, *Management Accounting Research*, 19（4），pp.287-300.

Merchant, K. A., and W. A. Van der Stede（2012）*Management Control Systems: Performance Measurement, Evaluation and Incentives*, 3rd edition, Harlow, England: Financial Times Prentice Hall.

Merchant, K. A. and Van der Stede, W.（2017）*Management Control Systems: Performance Measurement, Evaluation and Incentives*, 4th edition: Pearson Education.

Otley, D.（1980）The Contingency Theory of Management Accounting: Ahievement and Prognosis, in Emmanuel, C., D. Otley and K. Merchant ed, *Readings in accounting for management control Springer*, pp.83-106.

Simons, R.（1995）*Levers of Control: How Managers Use Innovative Control Systems to Drive Strategic Renewal*: Harvard Business School Press.（中村元一・黒田哲彦・浦島史恵訳（1998）『ハーバード流『21世紀経営』4つのコントロール・レバー』産能大学出版部）

横田絵理・金子晋也（2014）『マネジメント・コントロール──8つのケースから考える人と

企業経営の方向性』有斐閣。

横田絵理（2022）『日本企業のマネジメント・コントロール——自律・信頼・イノベーション』中央経済社。

第12講

淺田孝幸・大浦啓輔・平井裕久・堀井悟志（2019）「日本企業の国内・海外子会社に対する予算管理は成果を生むか？——2018年度実態調査・比較分析を踏まえて」『企業会計』71（5），pp.74-79。

淺田孝幸・大浦啓輔・平井裕久・堀井悟志（2020）「日本企業のグローバル経営における予算管理の有効性——国内・海外子会社の管理の比較研究」『原価計算研究』44（1），pp.156-168。

内山哲彦（2017）「経営統合プロセスにおける企業グループ・マネジメントの進展とグループ全体最適」園田智昭編著『企業グループの管理会計』中央経済社，pp.37-56。

園田智昭（2014）「企業グループの全体最適と部分最適——管理会計の視点による分析」『三田商学研究』56（6），pp.125-131。

横田絵理（2017）「純粋持株会社から事業持株会社へ——遠心力と求心力のバランス」園田智昭編著『企業グループの管理会計』中央経済社，pp.57-74。

第13講

稲盛和夫（1998）『稲盛和夫の実学——経営と会計』日本経済新聞社。

稲盛和夫（2006）『アメーバ経営——ひとりひとりの社員が主役』日本経済新聞出版社。

稲盛和夫（2014）『京セラフィロソフィ』サンマーク出版。

鵜飼裕志（2009）「京セラにおけるアメーバ経営の原点回帰活動に関する一考察——時間当り採算に焦点を当てて」『慶應商学論集』第23巻第1号。

上總康行（2007）「京セラの大家族主義経営と管理会計——アメーバ経営と時間当たり採算」『管理会計学』第15巻第2号，pp.3-17。

三矢裕・谷武幸・加護野忠男（1999）『アメーバ経営が会社を変える』ダイヤモンド社。

第14講

上山俊幸（1989）「原価計算とコスト・テーブル」『飯山論叢』第6巻第1号，pp.173-189。

岡野浩（1995）「原価企画の海外移転プロセス」『原価計算研究』第19巻第1号，pp.31-38。

加登豊（1993）『原価企画——戦略的コストマネジメント』日本経済新聞社。

経済産業省（2024）「自動車産業適正取引ガイドライン」。

神戸大学管理会計研究会（1992）「原価企画の実態調査（1・2・完）」『企業会計』第44巻第5・6・7号。

谷守正行・田坂公（2013）「銀行業への原価企画適用の事例研究——サービス業における原価企画の進展」『産業経理』第73巻第3号，pp.66-76。

田坂公（2019）「原価企画の進展と知的資産経営」『日本知的資産経営学会誌』第5巻，pp.22-40。

田中雅康（1995）『原価企画の理論と実践』中央経済社。

228 参考文献

吉田栄介編著（2022）『日本的管理会計の変容』中央経済社。

第15講

Anthony, R. N. and D.W. Young（2003）*Management Control in Nonprofit Organizations*, 7th edition: McGraw-Hill.（淺田孝幸・松本有二監訳（2010）『ケーススタディ　医療・NPO の経営管理ガイドブック』中央経済社）

Merchant, Kenneth A., Van Der Stede, Wim A.（2023）*Management Control Systems: Performance Measurement, Evaluation and Incentives*, 5th edition: Pearson Education.

足立泰美（2023）『レクチャー＆エクササイズ地方財政論』新世社。

石川恵子・黒木淳・佐藤亨・山本清（2024）「地方自治体における IT 費用・資産が行政コストに与える影響」『会計プログレス』2024巻25号，pp.1-20。

石原俊彦編著（2004）『自治体バランス・スコアカード』東洋経済新報社。

石原俊彦編著（2005）『自治体行政評価ケーススタディ』東洋経済新報社。

伊藤正次・出雲明子・手塚洋輔（2022）『はじめての行政学　新版』有斐閣。

伊藤嘉博・目時壮浩（2021）『異論・正論　管理会計』中央経済社。

生方裕一・黒木淳・岡田幸彦（2019）「資産老朽化情報が予算要求額に与える影響」『会計プログレス』2019（20），pp47-61。

大浦啓輔・松尾貴巳（2020）「自治体公共施設サービスのアウトソーシングにおける組織間コントロール」『原価計算研究』44（1），pp142-155。

大竹文雄（2022）「EBPM とは何か」大竹文雄・内山融・小林庸平編著『EBPM　エビデンスに基づく政策形成の導入と実践』日本経済新聞出版，pp.3-38。

大塚成男（2016）「地方公共団体において目的適合的な財務諸表の整備に向けて」柴健次編著『公共経営の変容と会計学の機能』同文舘出版，pp.137-169。

大西淳也（2010）『公的組織の管理会計――効果性重視の公共経営をめざして』同文舘出版。

大西淳也編著（2020）『行政管理会計の基礎と実践』同文舘出版。

大西淳也・藤野雅史（2017）「行政管理会計」櫻井通晴・伊藤和憲編著『ケース管理会計』中央経済社，pp.285-298。

北村亘・青木栄一・平野淳一（2024）『地方自治論――2つの自律性のはざまで　新版』有斐閣。

小林麻理（2002）『政府管理会計――政府マネジメントへの挑戦』敬文堂。

櫻井通晴（2008）『バランスト・スコアカード――理論とケーススタディ　改訂版』同文舘出版。

櫻井通晴編著（2004）『ABC の基礎とケーススタディ　改訂版』東洋経済新報社。

佐藤幹（2013）『自治体・非営利組織のマネジメント・コントロール――バランスト・スコアカードの効用と限界』創成社。

総務省（2015）「政策評価の実施に関するガイドライン（平成27年4月1日一部改正）」。

総務省（2017）「『地方公共団体における行政評価の取組状況等に関する調査結果』の概要」。

総務省（2019）「統一的な基準による地方公会計マニュアル（令和元年8月改訂）」。

総務省（2023）「今後の地方公会計のあり方に関する研究会　中間取りまとめ」。

総務省自治行政局公務員部（2023）「地方公共団体における人材マネジメント推進のためのガイドブック」。

地方分権改革有識者会議（2023）「効率的・効果的な計画行政に向けて」。

友岡賛（2012）『会計学原理』税務経理協会。

中島洋行（2020）『公共施設とライフサイクルコスト』日本経済評論社。

中西一（2009）『フランス予算・公会計改革──公共政策としての公共経営』創成社。

藤野雅史（2009a）「公的部門における管理会計の統合プロセス──米国連邦政府の業績予算」『会計プログレス』2009巻10号，pp.84-100。

藤野雅史（2009b）「米国連邦政府における原価計算の制度化」『原価計算研究』Vol.33，No.2，pp.69-79。

松尾貴巳（2009）『自治体の業績管理システム』中央経済社。

松尾貴巳（2015）「政府・自治体・非営利組織の管理会計」山本浩二・小倉昇・尾畑裕・小菅正伸・中村博之編著『スタンダードテキスト管理会計論　第2版』中央経済社，pp.491-508。

宮本幸平（2024）『政策評価におけるインパクト測定の意義』創成社。

目時壮浩（2010）「公共サービスにおける目標原価管理──大分県庁におけるフィールドリサーチをもとに」『原価計算研究』Vol34，No.1，pp.66-77。

目時壮浩（2018）「業績指標の質が行政組織のパフォーマンスに与える影響──質問票調査に基づく定量的分析」『原価計算研究』Vol.42，No.1，pp.97-109。

目時壮浩（2022）「行政組織のパフォーマンスを向上させる業績管理システム」加登豊・吉田栄介・新井康平編著『実務に活かす管理会計のエビデンス』中央経済社，pp.254-262。

目時壮浩（2023）「ネットワークガバナンスにおける業績管理──ネットワーク管理会計の構築に向けた予備的検討」『原価計算研究』Vol.47，No.1・2，pp.36-48。

目時壮浩・妹尾剛好（2012）「公会計・行政評価情報の行政経営への活用に向けた課題──混合研究法に基づく考察」『原価計算研究』Vol.36，No.2，pp.115-129。

望月信幸・佐藤浩人・加藤典生（2015）「指定管理者制度における業績評価の一考察──大分県宇佐市のケースとBSCの導入可能性」『メルコ管理会計研究』vol.7，issue 2，pp.25-35。

山口直也（2006）『PFIの意思決定理論』渓水社。

索　引

あ　行

アウトカム　216
アウトプット　216
アメーバ　183
アメーバ経営　183
アメーバ組織　191
アメーバリーダー　184
安全性分析　33
安全余裕率　68

意思決定　44, 89
一般会計等財務書類　211
一般管理費　10
移転価格税制　177
インセンティブ　106, 134
インセンティブ・システム　138
インパクト　216
インプット　216
インベストメント・センター　81

影響可能性原則　108
営業口銭　189
営業利益　67

親会社　167

か　行

海外子会社　170
会計　1
回収期間　54
回転率　35
外発的動機づけ　143

科学的管理法　145
課業　145
学習と成長の視点　127
貸方　4
加重平均資本コスト　52
活動基準管理　219
活動基準原価計算　217
金のなる木　20
株主資本コスト　52
貨幣の時間価値　50
借方　4
間接業務　169
間接費　10
官庁会計　211
官民連携　220
管理会計　5
管理会計担当者　60
管理可能　97
管理可能性原則　108
管理不能　97
関連会社　168
関連原価　47

機会原価　48
機会損失　48
機会費用　48
企業グループ　167
企業ドメイン　17
企業不祥事　149
機能戦略　16
機能別組織　77
忌避宣言権　118
キャッシュ・アウトフロー　50

キャッシュ・インフロー　50
キャッシュ・フロー　50
行政機関　209
行政コスト計算書　211
行政組織　209
行政評価　218
業績と報酬の連動　148
業績評価　105
業績評価指標　128
競争戦略　21
共通費　108
業務的意思決定　45
許容原価　199
金銭的（経済的）報酬　137，146

グループ会社　169
グループ経営　167
グループ本社　167
クロス・セクション分析法　30

経営者意識を持つ人材の育成　185
経営分析　30
経営レバレッジ　72
経営レバレッジ係数　72
計画　14
経済主体　209
経済人　144
決算　210
現価　51
原価維持　196
原価改善　196
原価企画　194
原価基準　117
原価の作り込み　197
現在価値　51
源流管理　196

公会計　210
公共施設等マネジメント　219

公共部門　209
貢献利益　67
交渉価格基準　118
構造的意思決定　45
子会社　167
顧客関連指標　123
顧客の視点　126
顧客満足度　123
顧客ロイヤルティ　123
コスト情報　211
コスト・センター　81
コストテーブル　203
コストレビュー　201
固定資産　4，39
固定資産台帳　220
固定長期適合率　38，40
固定費　67
固定比率　38
固定負債　39
コデザイン　204
コミテッド・キャパシティコスト　108
コントローラー　9
コントロール　89

さ 行

差異　95
歳入歳出総額　210
細分割付　200
財務会計　2
財務業績　120
財務情報　31
財務諸表　33
財務の視点　126
財務分析　33
財務レバレッジ　36
裁量型コスト・センター　83
差額原価　47
差額原価収益分析　47
サブシステム　158

索引　233

サプライヤーの疲弊　205
残余利益　110

シェアードサービス　169
市価基準　117
時間当り採算　183
事業戦略　16, 21
事業部管理可能利益　108
事業部貢献利益　107
事業部純利益　108
事業部使用資本利益率　110
事業部制組織　77
事業部利益　108
事業ポートフォリオマネジメント　19
事業持株会社制　171
資金収支計算書　211
自己実現人　144
自己資本　34
自己資本比率　39
自己資本利益率　34
施策　213
市場に直結した部門別採算制度の確立
　184
自製か購入かの意思決定　48
シナジー　19
資本コスト　52, 111
事務事業　213
社会人　144
社内売買　186
収益性分析　33
終価　51
従業員関連指標　124
重要成功要因　127
純資産変動計算書　211
純粋持株会社制　171
正味現在価値　56
将来価値　51
職能別組織　77
人件費効率　152

垂直的統合　17
水平的統合　18
ストック情報　211

政策　213
政策形成　213
政策遂行　214
政策評価　216
生産性の視点　152
製造原価　10
セグメント情報　217
設備投資の意思決定　53
全員参加経営の実現　187
先行指標　150
全社戦略　16
戦術的意思決定　45
全体財務書類　211
戦略　14
戦略的意思決定　45
戦略的実施項目　128
戦略マップ　130

総原価　10
総合計画　214
総合予算　91
総資産　34
総資本　34
総資本利益率　34
相乗効果　19
損益計算書　3
損益分岐点　66
損益予算　91

た　行

貸借対照表　3, 211
タイム・シリーズ分析法　30
多角化　16
脱予算経営　103
縦の因果連鎖　128

棚卸資産　4
短期目標　15
短期利益計画　65

遅行指標　150
地方公共団体　210
地方財政　210
地方財政計画　210
地方政府　209
中央政府　209
中期計画　24
中期目標　14
中期利益計画　26
注文受注可否の意思決定　48
長期計画　24
長期目標　14
直接費　10
賃金体系　138

デザインイン　204
デザインレビュー　201
デュポン方式　36

統一的な基準　211
動機　142
動機づけ　135
動機づけ理論　143
当座資産　40
当座比率　38
投資利益率　55
特殊原価　46
特殊原価調査　46
トップ・ダウン型予算　92

な 行

内発的動機づけ　143
内部収益率　58
内部ビジネス・プロセスの視点　126
内部利益率法　58

成行原価　199

ネット・キャッシュ・フロー　50
年次予算　91

は 行

売価還元原価法　185
配賦　108
バトンタッチ方式　204
花形　19
パブリックセクター　209
バランスト・スコアカード　28, 125, 218
バリューチェーン　25
範囲の経済　18
販売価格差異　99
販売数量差異　99
販売費　10

非営利組織　209
非金銭的（非経済的）報酬　137, 147
非財務業績　120
非財務指標　218
非財務情報　42

ファイブフォース　22
複雑人　144
負債　34
負債コスト　52
負債比率　39
不正　149
部門予算　91
プライベートセクター　209
振替価格　117
不利差異　96
プロダクト・アウト志向　197
プロダクトポートフォリオマネジメント
　19
プロダクトライフサイクル　19
プロフィット・センター　81

分業 77

変動費 67
返報 136

報酬 134
報酬格差 151
報酬制度 138
ボトム・アップ型予算 92
本社費 108

ま 行

マーケット・イン志向 197
埋没原価 47
マイルストーン管理 201
マネジド・キャパシティコスト 108
マネジメント・コントロール 156
マネジメント・コントロール・システム 157
マネジメント・コントロール・パッケージ 163
マネジメント・コントロール・プロセス 158

見える化 130
ミニ・プロフィット・センター 182
民間非営利組織 209
民間部門 209

無関連原価 47

目標原価 200
目標斉合性 153
持株会社 167
モチベーション 142
問題児 19

や 行

誘因 136

有利差異 96

予算 89, 210
予算管理 89
予算実績差異分析 88
予算実績比較損益計算書 98
予算修正 102
予算スラック 102
予算編成 88, 92

ら 行

ライフサイクルコスト 220
ラグビー方式 204

利益率 35
流動資産 39
流動比率 38
流動負債 39

レスポンシビリティ・センター 81
レベニュー・センター 81
連結財務書類 211

労働分配率 152

わ 行

割引率 51

数字・欧字

4つの視点 126
4つの人間モデル 144

ABC 217
ABM 219
AICPA 6
BSC 125, 150, 218
CAPM 52
CF 50
CIMA 6

compensation 137
CVP 分析 66
GMAP 6
Goal Congruence 153
IMA 5
incentive 135
IRR 58
M&A 180
motive 142
MPC 182
NCF 50
NPV 56
PDCA サイクル 88

PLM システム 203
PPM 19
PPP 220
reward 137
RI 110
ROA 34
ROE 34
ROI 55, 110
SWOT 分析 22
VE 202
VRIO フレームワーク 23
WACC 52

編著者・執筆者紹介

編著者

横田　絵理（よこた　えり）【第1・2・6・11講執筆】

[現職]　慶應義塾大学商学部教授，大学院商学研究科委員長
[略歴]　慶應義塾大学大学院経営管理研究科博士課程単位取得退学。武蔵大学経済学部勤
　　　　務を経て，現職。公認会計士試験試験委員（2009年〜2012年）。博士（経営学）。
[主要業績]　『フラット化組織の管理と心理：変化の時代のマネジメント・コントロール』
　　　　慶應義塾大学出版会，『マネジメント・コントロール：8つのケースから考え
　　　　る人と企業経営の方向性』有斐閣（共著），『日本企業のマネジメント・コン
　　　　トロール──自律・信頼・イノベーション』中央経済社，*Frontiers of Japanese*
　　　　Management Control Systems: Theoretical Ideas and Empirical Evidence.
　　　　Springer Nature Singapore Pte Ltd.（横田編著）など。

執筆者（執筆順）

豊田　陽一（とよた　よういち）【第3講執筆】

[現職]　PwC Japan 有限責任監査法人勤務，公認会計士，米国公認会計士
[略歴]　慶應義塾大学経済学部卒業，同大学院商学研究科修士課程修了後，現職。英国
　　　　Lloyd's of London での経験を含めて，保険業界を中心に，一貫して金融機関に関
　　　　する監査およびアドバイザリー業務に従事。
[専門領域]　生命保険業および損害保険業の会計・監査

江本　雅人（えもと　まさと）【第4・14講執筆】

[現職]　日本経営システム株式会社マネジメントコンサルタント
[略歴]　慶應義塾大学商学部卒業，同大学院商学研究科修士課程修了。
[主要業績]　「スタートアップ企業における製品・サービス別原価情報の有用性──学童保
　　　　育事業を対象としたアクション・リサーチ」『管理会計学』第31巻1号（共
　　　　著），「価格決定のための製品・サービス別原価情報：文献サーベイに基づく
　　　　考察」『慶應商学論集』第30巻1号。

堀北　秀一 （ほりきた　しゅういち）【第 4・15 講執筆】

[現職]　公認会計士
[略歴]　慶應義塾大学商学部卒業，同大学院商学研究科修士課程修了。11 年間の監査法人
　　　　勤務後，独立開業し現在に至る。兼務歴は，埼玉大学大学院人文社会科学研究科
　　　　非常勤講師（管理会計論特論。2022 年 9 月〜 2023 年 3 月），東海大学経営学部非
　　　　常勤講師（財務会計論，監査論。2024 年 4 月〜 2025 年 3 月）など。
[主要業績]　「地方政府のマネジメント・コントロールにおける情報活用：日本での実態調
　　　　査からの示唆」『三田商学研究』第 53 巻第 4 号（共著），「管理職の幅と管理
　　　　会計制度に関する予備的事例研究」『慶應商学論集』第 23 巻第 1 号。

福島　一矩 （ふくしま　かづのり）【第 5・8 講執筆】

[現職]　中央大学商学部教授
[略歴]　西南学院大学商学部講師，准教授，中央大学商学部准教授を経て現職。慶應義塾
　　　　大学商学部卒業，同大学院商学研究科修士課程修了，後期博士課程単位取得退学。
[主要業績]　"Does budget target setting lead managers to engage in unethical behavior for
　　　　the organization?" *The British Accounting Review*, 56(4)（共著），『実務に活か
　　　　す管理会計のエビデンス』（分担執筆）中央経済社など。

妹尾　剛好 （せのお　たけよし）【第 7 講執筆】

[現職]　中央大学商学部教授
[略歴]　和歌山大学経済学部講師，准教授，中央大学商学部准教授を経て現職。早稲田大
　　　　学商学部卒業，同大学院商学研究科博士前期課程修了，慶應義塾大学商学研究科
　　　　後期博士課程単位取得満期退学。
[主要業績]　『花王の経理パーソンになる』中央経済社（共著），『日本的管理会計の変容』
　　　　中央経済社（共著），*Frontiers of Japanese Management Control Systems:
　　　　Theoretical Ideas and Empirical Evidence.* Springer Nature Singapore Pte Ltd.
　　　　（分担執筆）など。

鬼塚　雄大 （おにつか　ゆうだい）【第 9・12 講執筆】

[現職]　東海大学経営学部講師
[略歴]　明海大学経済学部講師を経て現職。武蔵大学経済学部経営学科卒業，慶應義塾大
　　　　学大学院商学研究科修士課程修了，同後期博士課程修了，博士（商学）。
[主要業績]　「包括的業績管理システムの運用における情報伝達プロセスの重要性：非公式
　　　　的情報交換の頻度および情報交換の内容に着目して」『原価計算研究』第 48
　　　　巻 1 号，*Frontiers of Japanese Management Control Systems: Theoretical Ideas
　　　　and Empirical Evidence.* Springer Nature Singapore Pte Ltd.（分担執筆）など。

竹内　伸一（たけうち　しんいち）【第 10 講執筆】

[現職]　名古屋商科大学大学院マネジメント研究科教授

[略歴]　慶應義塾大学大学院経営管理研究科特任准教授，徳島文理大学人間生活学部教授を経て現職。早稲田大学教育学部卒業。マツダ株式会社を経て，慶應義塾大学大学院経営管理研究科修士課程修了，同大学大学院商学研究科博士後期課程単位取得退学，広島大学大学院教育学研究科博士課程後期修了，博士（教育学）。

[主要業績]　『ケースメソッド教授法入門』慶應義塾大学出版会，「切り詰められた教育，切り詰められない学習：ケースメソッド教育の「中間メディア」に焦点を当てて」『近代教育フォーラム』第 32 巻，Impact of AACSB Accreditation on Education Quality: Perceptions of Faculty in an Accredited School in Japan. *International Journal of Educational Management*（共著）など。

康　冬鶯（かん　とんいん）【第 12 講執筆】

[現職]　慶應義塾大学大学院商学部研究科後期博士課程 3 年

[略歴]　慶應義塾大学大学院商学研究科修士課程修了後，主にデロイト北京事務所，EY 税理士法人東京事務所にて移転価格アドバイザリーの専門業務に従事

[主要業績]　「日本企業の在中子会社に対するマネジメントの実態——マネジメントコントロールに関する事例研究」『慶應商学論集』第 23 巻第 1 号。

鵜飼　裕志（うがい　ひろし）【第 13 講執筆】

[現職]　株式会社 LDcube ラーニング・デザイン部長

[略歴]　慶應義塾大学商学部卒業，同大学院商学研究科修士課程修了。株式会社ビジネスコンサルタントを経て，2024 年 7 月より現職。現在は「教育の内製化支援」や「社内教育のデジタル化支援」を専門領域に活動。

[主要業績]　「京セラにおけるアメーバ経営の原点回帰活動に関する一考察——時間当り採算に焦点を当てて」『慶應商学論集』第 23 巻第 1 号，「非製造業におけるミニ・プロフィットセンターの活用」（共著）『産業經理』第 70 巻第 3 号など。

ライブラリ 会計学15講―3

管理会計論15講

2025 年 2 月 10 日 © 　　　　　　　　　初 版 発 行

編著者　横 田 絵 理　　　　発行者　御園生晴彦
　　　　　　　　　　　　　　印刷者　篠倉奈緒美
　　　　　　　　　　　　　　製本者　小 西 惠 介

【発行】　　　　　　株式会社　新世社
〒151-0051　東京都渋谷区千駄ヶ谷 1 丁目 3 番 25 号
編集　☎(03)5474-8818(代)　　　サイエンスビル

【発売】　　　　　　株式会社　サイエンス社
〒151-0051　東京都渋谷区千駄ヶ谷 1 丁目 3 番 25 号
営業　☎(03)5474-8500(代)　　　振替 00170-7-2387
FAX　☎(03)5474-8900

印刷　㈱ディグ　　　　　製本　㈱ブックアート
《検印省略》

本書の内容を無断で複写複製することは，著作者および出
版者の権利を侵害することがありますので，その場合には
あらかじめ小社あて許諾をお求め下さい.

ISBN 978-4-88384-401-2

PRINTED IN JAPAN

サイエンス社・新世社のホームページのご案内
https://www.saiensu.co.jp
ご意見・ご要望は
shin@saiensu.co.jp まで。

ライブラリ ケースブック会計学 4

ケースブック
管理会計

上總康行 著
A5 判／296 頁／本体 2,550 円（税抜き）

激しいグローバル競争の中においては，経験や勘に頼るのではなく，様々な経営情報に基づいて企業経営を適切に行う必要がある。今日，こうした情報の主要部分を担っているのが，実際原価計算，標準原価計算，予算制度，CVP 分析，セグメント別利益計算，資本予算，中期利益計画などの管理会計技法を組み合せた統合的な管理会計システムであるが，本書はそれらの基礎と応用について，各章１件のケースを素材にしてわかりやすく解説した入門テキストである。最新の管理会計技法を取り込んで構成し，ケースは調査研究で明らかになった日本企業の管理会計活用の実践例を取り上げている。

【主要目次】
管理会計のフレームワーク／目標利益と中期経営計画／戦略分析会計／中期個別会計―個別戦略の実行を支援する会計―／資本予算／短期利益計画／予算管理／直接原価計算―限界利益による短期利益計画と予算管理―／事業セグメント利益管理／購買管理会計／生産管理会計／販売管理会計

発行　新世社　　発売　サイエンス社

ライブラリ ケースブック会計学 5

ケースブック
コストマネジメント
第3版

加登 豊・李 建 著
A5 判／304 頁／本体 2,550 円（税抜き）

大学・大学院におけるコストマネジメント，原価計算，管理
会計のテキストとして好評の書の最新版。本領域における様
々な手法をきわめて平易な記述と図解で説明する。はじめに
事例を挙げて課題を示し，課題解決に必要な知識と考え方を
流れに沿って解説し，さらに理論と実務を結びつけられるよ
う，実際の企業事例（全 30 ケース）を掲載し，章末には確認
テストを設けた。読みやすい 2 色刷。

【主要目次】

プロローグ／設備投資の経済性評価／CVP 分析／予算管理／標準原価
管理／在庫管理／業績評価／原価企画／環境コストマネジメント／ラ
イフサイクル・コスティング／価格決定／バランス・スコアカード／
ABC／ABM／品質コストマネジメント／制約条件の理論／財務情報分
析／エピローグ

発行 新世社　　発売 サイエンス社

新経営学ライブラリ 9

管理会計論
第 2 版

上總康行 著
A5 判／392 頁／本体 3,100 円（税抜き）

現代管理会計の理論と実践を平易に説き，広く好評を得てきたテキストの最新版。総合管理のための会計を中心とした，重層的管理会計論という理論フレームワークを継承しつつ，新たな管理会計技法の解説や，わが国の戦後管理会計史，ミニプロフィットセンターの利益管理といったテーマを加え，記述を大幅に拡充した。

【主要目次】
Ⅰ 管理会計の基礎 企業管理と企業会計／管理会計の歴史——アメリカ管理会計史序説／わが国の戦後管理会計史／管理会計の体系
Ⅱ 戦略的計画設定のための会計 中期利益計画／戦略分析会計／中期個別会計—個別戦略の実行を支援する会計／資本予算
Ⅲ 総合管理のための会計 短期利益計画／予算管理／限界利益による予算管理—直接原価計算の展開／事業部制会計／ミニプロフィットセンターの利益管理
Ⅳ 現業統制のための会計 購買管理会計／生産管理会計／販売管理会計

発行 新世社　発売 サイエンス社

ライブラリ 論点で学ぶ会計学 4

論点で学ぶ
原 価 計 算

清水 孝 著
A5 判／232 頁／本体 2,300 円（税抜き）

原価計算の規範理論である『原価計算基準』の公表から 50 年以上が経ち，今日の企業の生産環境は大きく変化した。その結果，理論と実務に様々な乖離が生じており，多くの企業が原価計算に対する問題に直面している。本書はこうした実態を踏まえ 10 の論点をピックアップし，問題の所在と背景，関連する理論を解説したうえで実務の調査・分析を紹介して，論点を説き明かしていく。一通り原価計算の学習を終えた学生や，自社の原価計算システムの更新や改定に携わる方々に最適の書。

【主要目次】

生産環境の変化と原価計算／材料費の計算／労務費の計算／製造間接費の部門別計算(1)／製造間接費の部門別計算(2)／製造間接費の予算／総合原価計算の理論と実務(1)／総合原価計算の理論と実務(2)／組別総合原価計算・等級別総合原価計算・連産品の原価計算／標準原価計算／工程別総合原価計算と ERP の原価計算

発行 新世社　　発売 サイエンス社

ライブラリ 会計学 15 講 4

原価計算論 15 講

西居 豪・町田遼太・上田 巧・新井康平 編著
A5 判／296 頁／本体 2,200 円（税抜き）

実務経験に乏しい初学者にも理解しやすくまとめられた入門テキスト。全 15 講を通じてラーメン店「弥生」を舞台にしたイントロダクション・ケースを冒頭に置き，店主が直面する様々な原価計算上の問題を踏まえて，本文解説において数値例や図解を交えて原価計算の重要概念を体系的に解説する。多様な業界の事例や学術的なエビデンスを紹介したコラムも設け，講末には練習問題を配した。

【主要目次】

原価計算とは／CVP 分析／直接原価計算／差額原価収益分析／棚卸しと在庫管理／費目別計算／個別原価計算／部門別原価計算／総合原価計算／原価管理のための原価計算／価格設定と原価情報／品質原価計算／活動基準原価計算／設備投資の経済性分析／効果的な原価計算に向けて

発行 新世社　発売 サイエンス社